슈퍼러너 공부법

4배 속도로 읽고, 한 번 보면 잊지 않고, 무엇이든 빨리 배우는

슈퍼러너
공부법

조나단 레비 지음 | 이현정 옮김

프롬북스
frombooks

내 삶에 의미를 부여해준
20만 슈퍼러너들에게 감사드린다.

당신이 지식노동자라면 곧 듣게 될 말

"왜 그걸 읽으려고 하지?"

교장선생님이 물으셨다. 8학년의 지속적 책읽기sustained reading 시간이었다.

아니, 그 많은 반의 그 많은 학생들 중에서 이 몹쓸 위인이 하필 내 뒤에 앉더니 말을 건네온 것이었다.

이 무렵 나는 학교에서 말썽이 생기면 으레 추궁을 받는 학생이었다. 가끔 선생님들이 내 미래가 빤하다고 하는 말에도 익숙했다.

나는 읽고 있던 자바2Java2 교과서에서 고개를 들었다. 사실책에서 이해되는 건 거의 없었다. 나는 수줍게 대답했다.

"컴퓨터 프로그램을 어떻게 하는지 배우고 싶어서요."

그런데 교장선생님의 반응이 가관이었다. 영국 기숙학교에서 문제학생들을 꾸짖는 수십 년간의 전통이 모두 녹아있는 듯한 반응이었다. 코웃음을 쳤던 것이다.

지금 이 책을 읽고 있는 당신은 빠르게 학습한다는 것이 어떤 느낌인지 알고 싶을 것이다. 여태껏 밤늦게까지 공부하면서 친구들, 회사일, 혹은 자신의 열정에 뒤처지지 않으려고 얼마나 노력했던가. 또, 나를 죽일 듯한 시험을 본 적도, 다른 직종으로 옮기려고 애쓴 적도, 혹은 진급에 실패한 적도 있었을 것이다.

하지만 열심히 따라잡은들 별 소용이 없다. 내 주위에 정보와 변화의 급격한 물결이 엄습해와 망망대해를 건너려는 나를 조금씩 가라앉히는 느낌이다.

그리고 마음속 깊이 우리 모두가 참여한 게임의 불문율, 즉 이 정보경제information economy 체계에서 빠르고 효과적으로 학습하지 못하면 뒤처진다는 사실을 잘 알고 있다. 이런 트렌드는 앞으로 더 가속화할 것이다. 거의 백 퍼센트 지식노동자로 채워진 사회로 바뀔 테니까.

그런 시대가 오면 세계의 지식노동자들은 모두 다음 둘 중 하나의 말을 듣게 될 것이다.

　첫째는 "그동안의 노고는 고마웠지만 더 이상 당신의 도움은 필요 없어요"라는 고용자의 말이다. 당신의 원래 자리는 아웃소싱됐거나, 없어졌거나, 자동화체계로 바뀌었다고 하면서. 그런 일이 없도록 행운을 빈다.

　두 번째 말에는 아마 이런 표현이 들어갈 것이다. "당신은 대체불가한 사람이군요" 혹은 "정말 뛰어난 전문가시네요" 혹은 "당신은 정말 회사의 귀중한 자산이에요" 같은. 그러고는 어떻게 해야 계속 자리에 남아줄지를 물어올 것이다.

　둘 중 어떤 말을 더 듣고 싶은가?

　다행히, 더 나은 학습법이 있다. 타고난 뇌의 능력을 활성화해서 학습을 쉽고 재미있게 만드는 법 말이다. 그것은 새로운 정보를 마치 가장 소중히 간직한 기억처럼 만드는 법이며, 엄청난 속도로 지식을 축적하는 법이다. 이 학습법은 이미 2,500년 이상 가다듬어져온, 증명된 뇌과학적 원리를 바탕으로 한다. 이 학습법을 익히면 업계 트렌드부터 외국어에 이르기까지 원하는 모든 지식을 짧은 시간 안에 습득할 수 있다.

책머리에

이 책은 이런 '슈퍼러너 학습법'을 쉽고 재미있게, 단계별로 습득하는 방법들을 전하고 있다. 인간의 뇌가 강력한 '연결기억linked memories'을 구성하는 진화론적 이점을 익히고 활용하는 법을 배우게 된다. 또, 그렇게 습득한 기억을 오랜 시간 효과적으로 유지하는 법도 배운다. 속독을 위한 전략, 학습을 최적화하고, 최상의 뇌건강을 유지하는 법도 배울 것이다.

지난 5년간 나는 이 슈퍼러너 학습법을 205개 이상의 세계 곳곳에서 20만 명 이상의 학생들에게 가르쳐왔다. 이 학생들은 그 후 변호사시험부터 기술자격시험, 의대입학시험MCAT에 이르기까지 다양한 시험들을 통과했다. 이들은 슈퍼러너 학습법을 활용해 직업을 바꾸고, 창업을 하고, 외국어를 배우고, 악기 다루는 법을 마스터했다. 물론 이 학습법이 특히 더 잘 맞는 분야가 있기는 하다. 하지만 이 학습법을 썼을 때 배움이 한결 쉬워지지 않았던 분야는 없었다.

타고난 능력을 되찾고 싶은가? 슈퍼러너가 될 준비가 되었는가?

그럼 책을 계속 읽길 바란다.

차 례

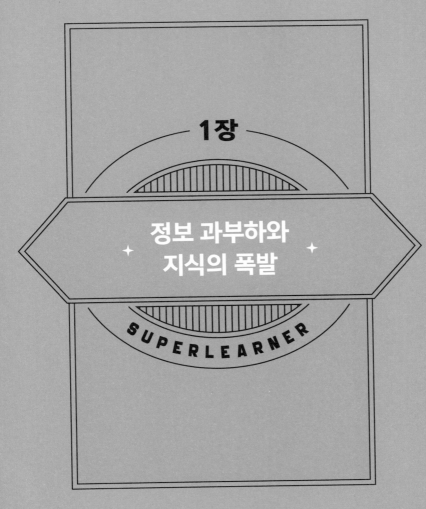

1장

정보 과부하와
지식의 폭발

SUPERLEARNER

지난 수십 년을 살아본 사람이라면 정보 과부하가 어떤 느낌인지 잘 알 것이다. 매년 영국에서만 약 50만에서 100만 권의 책이 출간된다. 비영어권 언어로 출간되는 책은 당연히 수백만 권도 넘는다.

　책만 보아도 이 정도다. 오늘날 우리는 새로운 미디어로부터 홍수처럼 밀려드는 정보를 소비하고 있다. 잡지나 TV, 신문 같은 전통적인 미디어에서부터 현대적인 블로그 포스팅이나 팟캐스트, 오디오북, 비디오 등에 이르기까지 그 어느 때보다 더 많은 정보를 생산 및 소비하고 있다.

　그리 멀지 않은 옛날에는 책이 정말 귀한 상품이었다. 사람들은

정보 과부하와 지식의 폭발

운이 좋아야 책 한두 권을 소유할 수 있었다. 그리고 한 장 한 장 음미하면서 그 책들을 읽고 또 읽고는 했다. 1731년에 벤저민 프랭클린이 최초의 회원제 대출 도서관을 설립했을 때, 그는 온갖 수단을 다 동원해 가까스로 45권의 책을 모을 수 있었다.[1] 그로부터 약 250년이 지난 지금, 미국 의회도서관은 자그마치 3,900만 권의 책을 보유하고 있다. 다시 말하지만, 이는 책이라는 매체에 한정한 수치다(매주 미국 의회도서관은 새로이 1,200권을 도서목록에 추가한다).

대체로 이런 변화는 매우 긍정적이다. 인류사를 통틀어서 한 사회의 발전은 '일반인이 얼마나 쉽게 지식에 접근할 수 있고, 또 지식을 생산해낼 수 있는가'와 연관성을 가졌다. 이런 관점에서 볼 때, 인류사에 발전을 가져온 몇몇 주요 전환점이 존재한다. 우선, 우리 사회의 근간은 5,000여 년 전 '글쓰기의 발명'과 함께 시작되었다. 오늘날에는 글쓰기를 당연시하지만, 글쓰기야말로 사람들이 서로 지식 및 정보를 전달하고, 그 과정을 시간의 제약 없이 기록하게 하는 수단이다. 더 이상 구전으로 정보를 전파할 필요가 없어졌다. 더 중요한 사실은, 우리의 불충분한 기억력에 의존해 정보를 저장할 필요가 없어졌다는 점이다. 이는 별것 아닌 것 같지만 실제로는 대단한 발전이다. 위대한 제국들은 모두 기술력을 바탕으로 건립되었다. 예를 들어 영국에서는 그 기술력이 바로 조선술이었다. 또, 로마인에게는 도로의 정비와 금속공학이었다. 하지만 그보다 수천 년 전에 수메르인이 거대한 제국을 세우게 했던 기술은 다름 아닌 글쓰기와 회계였다.

당대에도 새로운 정보기술에 대해 비판이 없었던 건 아니다. 예컨대 기억력과 구전 교육의 신봉자였던 소크라테스는 글쓰기 사용을 종종 비판했다. "글쓰기는 기억력과 마음을 약하게 만든다"[2] 라고 그는 주장했다. 상상이 가는가? 이런 식이면 매 세대마다 "그걸 쓰면 머리가 쓸모없어져 버린다고!" 하며 주장할 대상이 있을 법하다.

이처럼 논란이 있었는지는 몰라도, 글쓰기의 발명이 원대한 기술적 도약이었음은 자명하다. 우선 글쓰기는 사람들에게 주요 문서(당시에는 대부분 종교 문서였겠지만)를 전파하는 힘을 실어주었다. 이제 수백만을 대상으로 전파가 가능하게 된 것이다. 이로 인해 대중 교육이 가능해졌다. 또, 그때까지 인류사에 없던 대규모의 대중 협업도 가능하게 되었다. 생각해보면, 이는 정말 멋진 일이 아닐 수 없다.

1440년대에 독일 구텐베르크의 상업용 인쇄기는 이런 현상에 박차를 가했다. 물론 아시아 지역에는 이미 수백 년 동안 인쇄기

정보 과부하와 지식의 폭발

가 존재했다. 하지만 수많은 활자의 본을 직접 제작해야 해서 실용화하기는 어려웠다. 반면 구텐베르크 인쇄기의 완성판으로는 엄청난 양의 책들을 재생산하고 유통시킬 수 있었다. 그 결과, 사람들의 사고 및 사상을 인쇄된 활자를 통해 더 빠르고 쉽게 전파할 수 있게 되었다.

인쇄기라는 혁신적인 발명으로 인해 그 후 수세기 동안 정보의 생산 및 소비 속도는 꾸준히 증가했다. 여기엔 그럴 만한 이유가 있었다. 사람들이 정보를 습득하고 교육을 받는 데 있어 그 비용이 점점 더 싸지고, 더 쉽게 접할 수 있게 되었기 때문이다. 교육받은 대중은 이제 지식의 집합체를 확장하는 데 기여하게 되었다. 1788년, 벤저민 프랭클린은 자신의 자서전 3부 집필을 막 마친 참이었다. 그는 당시 자신의 대중 도서관 체계가 "평범한 상인과 농부들을 다른 나라의 신사들만큼이나 지적으로 만들어놓았다"[3]라고 자랑한 바 있다. 사실, 프랭클린 스스로가 '교육받은 대중이 지식의 집합체에 미치는 영향'을 드러내는 완벽한 본보기였다. 그는 어려서 정식 교육을 받지 못했고, 후일 사상적 차이로 인해 하버드대학교를 자퇴했다. 그럼에도 그는 평생 독학으로 멋진 성과를 이뤄낸 것이다. 그는 전 생애에 걸쳐 정치, 문학, 과학, 공공행정 등의 분야에 중대한 기여를 했다. 또한, 그는 우체국장을 지냈고,

영향력 있는 인쇄소장 및 신문 편집장이었다. 이처럼 프랭클린은 개인으로서 정보 폭발을 주도한 인물이었던 것이다.

그다음 정보기술 혁신의 물결은 가히 혁명적이었다. 라디오와 TV, 위성 등이 그 주인공이었으니까. 하지만 이들은 여전히 전통적인 인쇄출판 기술과 한 가지 단점을 공유했다. 바로 '게이트키퍼gatekeeper(뉴스 및 정보 유출을 통제하는 주체)'가 있다는 점이었다. 간혹 일부 지방 라디오 및 TV쇼를 제외하고는 일반인이 대대적으로 정보를 전파하기란 거의 불가능에 가까웠다. 이는 곧 일반적으로 공유된 정보는 세세하게 조작됐음을 뜻한다.

이런 상황은 인터넷 시대의 도래와 함께 완전히 바뀌었다. 물론, 인터넷 시대 초기에는 타인이 읽을 내용을 창조하려면 컴퓨터와 HTML 등에 대해 어느 정도 알아야 했다. 그러나 요즘은 컴퓨터 문해력technological literacy을 누구나 다 가지고 있어서 더 이상 그럴 필요가 없다. 정보를 공유하려면 마우스 클릭 몇 번이면 된다. 심지어 제대로 글을 못 써도 상관없다. 브이로그vlog(블로그와 비디오의 합성어로, 일상을 동영상에 담아 공유하는 것)를 하면 된다.

인터넷의 보편화는 사회 전체가 생산하는 정보량의 완벽한 폭발을 불러왔다. 하루 동안 인터넷상에서 공유되는 포스팅과 트윗, 비디오, 팟캐스트가 몇 백만 건인지 정확한 통계를 대서 놀라

정보 과부하와 지식의 폭발

게 하지는 않겠다. 아마 당신도 이미 그 정도는 체감하고 있을 것이다. 그중 많은 정보들이 완곡히 표현하자면 소음에 불과하지만, 그렇지 않은 훌륭한 정보들도 많다.

이제 이런 문제에 대해 한번 생각해보자. 당신이 지난주에 소비한 정보들 중에서 '전통적인' 미디어 매체로부터 나온 것은 얼마나 되는가? 이를테면, CNN이나 《뉴욕 타임스》, NPR 방송국, 랜덤 하우스 출판사 같은 정보통 말이다. 불과 20년 전만 해도 우리가 얻는 정보의 백 퍼센트가 이런 매체로부터 나왔다. 하지만, 오늘날은 바야흐로 《허핑턴 포스트》, 각종 블로그, 독자적인 팟캐스트, 자수성가한 유튜브 스타들의 시대다. 그러니 아마도 지난주에 얻은 정보의 50퍼센트 미만 정도만 전통적 미디어 매체에서 나온 것일 터이다. 지난 5년간 나의 온라인 강의 등록 수는 20만 건이었고, 팟캐스트 다운로드 수도 300만 건에 달했다. 또, 내가 쓴 책도 수만 권이 판매됐다. 하지만 이 중 어느 것도 전통적 미디어 매체를 통한 것은 없다. 오늘날 당신이 좋아하는 대부분의 작가나 팟캐스터, 블로거 등은 게이트키퍼를 무시하고 작업물을 대중에게 직접 전달하고 있다.

그야말로 '정보의 폭발'이다.

이에 해당하는 대상은 상대적으로 가벼운 자기계발서나 흥미로운 비즈니스 팟캐스트뿐만이 아니다. 이른바 '지식 창출의 민주화 democratization of knowledge creation' 현상이 점점 더 많은 분야에서 진행되고 있다. 원래 정보의 폭발 현상은 과학이나 의학 같은 최첨단 기술 분야에만 해당했다. 한번 생각해보라. 19세기 초에 의사는 단순히 의사였다(필요에 따라 수의사 역할도 맡았지만). 하지만 인간 신체에 대한 지식이 증가함에 따라 의사 한 명이 모든 의학 지식을 다 보유하는 건 불가능해졌다. 따라서 의료직은 소아과, 내과, 종양학과, 정형외과, 방사선과, 정신과 등으로 세분화되기 시작했다. 오늘날에는 이보다 더 세분화되었다. 만약 당신의 자녀가 쉽게 가라앉지 않는 복통을 호소한다면? 아마 소아소화기 의사에게 보내질 것이다. 코 성형수술을 원한다면? 코 수술만 전문으로 하는 안면 성형외과 의사를 보러 갈 가능성이 크다. 또, 생각만 해도 끔찍하지만, 만약 희귀한 골수암에 걸렸다면? 훌륭한 근골격 종양학 의사를 찾아야 할 것이다.

정보의 폭발은 의학에만 국한된 게 아니다. 과학, 컴퓨터 프로그래밍, 역사, 법학 등 여러 분야로 확장되었다. 세일즈 및 마케팅 기술 분야도 마찬가지다. 오늘날에는 정보 폭발의 수문이 그야말로 활짝 젖혀졌다. 그리고 모든 직종의 종사자들이 그 혜택을 받고 있다. 물론 그로 인한 폐해도 함께이지만.

정보 과부하와 지식의 폭발

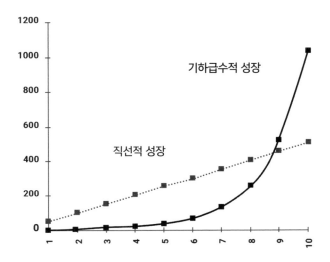

더욱이, 새로운 지식의 창출자들이 기하급수적으로 늘고 있어서 지식 창출의 속도가 직선적 성장이 아닌 기하급수적이 되었다.

컴퓨터의 성능이 2년마다 두 배가 된다는(그리고 관련 비용은 반으로 준다는) 무어의 법칙Moore's law처럼 지식도 비슷하게 비약적으로 성장하고 있다. 20년 전에 스탠퍼드대학교 컴퓨터공학과 학생들은 4년 동안의 훈련으로 취업 준비는 충분하다고 여겼다. 하지만 오늘날에는 이들이 미처 졸업도 하기 전에 배웠던 많은 지식들이 무용지물이 되고는 한다.

이유는 분명하다. 우리 손가락 끝에서 엄청난 양의 정보와 기술이 넘나들기에, 누구라도 장소의 구애 없이 혁신을 일으킬 수 있어서다. 몇 십 년 전에는 초기의 컴퓨터 프로그래밍 프레임워크인 C프로그래밍이 벨연구소 같은 대기업에서 몇 년에 걸쳐 개발되었다. 그런데 요즘은 어떤가. 덴마크의 프로그래머 데이비드 하이네마이어 핸슨David Heinemeier Hansson 같은 인물이 '루비 온 레일스 Ruby on Rails'라는 프레임워크를 자신의 휴식시간 틈틈이 개발하는 데 단 6개월이 걸렸다. 현재 당신이 선호하는 많은 웹사이트들이 '루비 온 레일스'를 바탕으로 구축된 것이다.

이 책을 집필하던 어느 오후, 나는 사무실이 있는 빌딩 옥상의 테라스에서 점심을 먹으며 쉬고 있었다. 이 빌딩은 이스라엘의 텔아비브에 위치한, 무척 번화한 첨단기술 허브였다. 테라스에서 나는 어느 사이버보안 스타트업 설립자들의 열린 논쟁을 우연히 엿듣게 됐다. 듣자하니, 이들은 안성맞춤의 지원자를 찾은 듯했다. 문제의 그녀는 사교적이며 야심차기까지 하다는 것이었다. 글쎄, 그 직급에 비해서는 과하게 훌륭하다고. 그런데 한 가지 문제가 있었다. 그녀는 일을 시작하기 전에 6개월간 여행을 다니길 원한다고 했다.

그 뒤에 이어진 대화는 무서우리만큼 이 책의 홍보문구같이 들렸다.

정보 과부하와 지식의 폭발

"6개월이면 무척 긴 시간이지만, 워낙 그녀의 능력이 출중하잖아요."

"그렇지요. 엄청난 인재니까. 그런데 6개월이라고? 우리 업계는 광속으로 움직이는데? 6개월이면 영원의 시간과도 같아요. 설사 그녀가 스티브 잡스라고 해도 6개월간 여행을 하다 보면 그녀의 기술은 완전히 쓸모없어져 버릴 텐데!"

"조금 과한 생각 아닐까요?"

"내 생각이? 저번에 내가 보내준 기사 봤어요? 전자소액결제micropayments 업계에 어떤 일이 일어나고 있는지에 대한 거요. 겨우 3개월 안에 그 사람들은 완전히 새로운 업계를 창조한다고! 그런데 6개월이나 휴가를 달라니?"

그 말을 듣고 보니, 그녀는 그 직급을 얻지 못할 듯했다.

예전에는 의사나 컴퓨터 프로그래머들 정도만 업계의 속도에 발맞추느라 발을 동동 굴렀다. 하지만 요즘에는 최신 소비자심리 연구를 전부 파악 못 한 마케팅 매니저라든가, 최근 회사에서 택한 소프트웨어의 사양을 배우지 못한 세일즈 전문가 등 모든 직종이 마찬가지다. 모든 직종의 직장인들이 커리어를 한 단계 업그레이드하길 원하지만, 현실은 이미 하고 있던 업무의 속도를 맞추기도 버겁다. 외국어나 악기 배우기, 새로운 기술 익히기, 즐거운 독서하기 등의 '여가용 배움'은 꿈같은 얘기다.

　이 모든 상황이 막막하게 느껴질지 모르겠다. 아니면, 당신은 아직 이런 불안감이 엄습하지 않은 몇 안 되는 직장에 다니고 있을지도 모른다. 어느 쪽이든 한 가지는 확실하다. 위에서 언급한 상황이 도래하고 있다는 것. 엄청난 발전 속도 덕에 우리 뇌의 회색질gray matter에 직접 정보를 다운로드하는 기술이 탄생하지 않는 이상 이 엄습하는 불안감은 더욱 심해지기만 할 것이다.

　다행히, 방법은 있다. 무엇을 배울지 선택할 수 있을 뿐만 아니라, 이를 비교적 쉽게 흡수하는 방법이 있다. 나아가 이를 오래 기억하는 방법도 있다. 당신도 슈퍼러너가 될 수 있다.

정보 과부하와 지식의 폭발

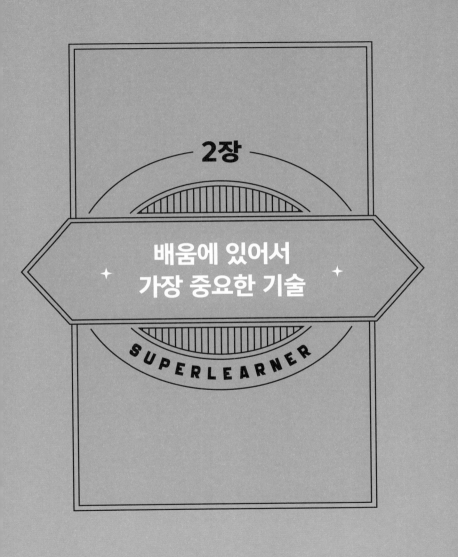

2장

배움에 있어서
가장 중요한 기술

SUPERLEARNER

"21세기의 문맹은 읽고 쓰지 못하는 이들이 아니다. 오히려 배운 것을 다시 원점으로 되돌린 후, 새롭게 배우는 것을 못하는 이들이다."

_앨빈 토플러

현대인의 삶에는 익혀야 할 중요한 기술들이 많다. 21세기를 살아가는 인간은 사회적 관계를 맺는 법, 첨단기술을 익히는 법 등을 알아야 한다. 그뿐 아니라 정치상황도 파악해야 하고, 법률을 준수해야 하며, 재정상황도 정리해야 한다. 커리어에서는 현명한 선택을 해야 하고, 식단도 건강한 음식들로 채워야 한다. 이외에도 오늘날의 세상에서 잘 살기 위해 필요한 자잘한 기술들이 한백만 가지는 될 것이다. 물론, 효과적으로 익히지 못한다면 별 상관없는 기술들이겠지만.

당신은 매슬로의 '욕구의 단계Hierarchy of Needs'에 대해 잘 알고 있을 것이다.

배움에 있어서 가장 중요한 기술

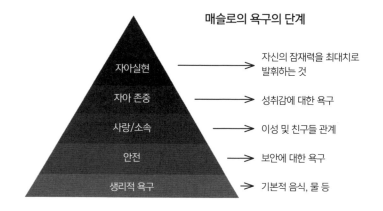

매슬로의 욕구의 단계

- 자아실현 → 자신의 잠재력을 최대치로 발휘하는 것
- 자아 존중 → 성취감에 대한 욕구
- 사랑/소속 → 이성 및 친구들 관계
- 안전 → 보안에 대한 욕구
- 생리적 욕구 → 기본적 음식, 물 등

매슬로는 이 '욕구의 단계' 이론을 1943년에 제시했다. 그 내용은, 낮은 단계의 욕구가 충족되지 않으면 그 위 단계의 욕구에 대해서 생각조차 힘들다는 것이다. 예를 들어, 산소를 충분히 공급받지 못하면 음식이나 물에 대해서 생각하기 힘들다. 또, 밤에 수면을 취할 안전한 장소가 없다면 일터에서 자신의 잠재력을 최대치로 발휘할는지를 걱정할 일도 없다.

생각해보면, 학습의 과정도 이와 같은 식이다. 삶에서 필요한 모든 기술들에 대한 학습은 관문이 되는 어떤 기술로부터 시작한다. 아기 때 기본적인 학습능력을 기르지 않으면 후일 구구단도 외우기 힘들게 된다. 철학 문제 같은 심오한 학습은 말할 것도 없고 말이다. 그러니 우선 고개들 들고 기어가는 것, 즉 꽤나 까다로운 기술을 마스터하는 것이 중요하다. 그러다보면 어느 영광스러운 날 드디어 걸음마를 떼게 될 테니까.

일단 기본적인 학습능력을 길렀다면, 그다음 중요한 기술은 당연히 '언어language'이다. 상위 단계의 학습을 하려면 그 내용이 무슨 말인지를 이해해야 하기 때문이다. 이 때문에 우리는 유아시절의 1년 이상을 말하고 소통하는 법을 배우는 데 쓰는 것이다. 뒤이어 우리는 유치원 시절부터 대학원에 이르기까지 생의 첫 25년간을 문해력, 일반 상식, 분석과 비판적 사고, 그리고 마침내 창의력을 기르는 데 힘쓴다. 이런 점에서 볼 때 '효과적인 학습법effective learning'이야말로 중요한 단 하나의 기술이 아닐 수 없다. 효과적인 학습법을 익히기만 하면 그 외의 모든 기술들은 배우기 수월해진다.

이런 점들을 한번 생각해보자. 살면서 언젠가 선생님을 비롯한 누군가가 '학습법'에 대해서 가르쳐준 적이 있는가? 혹은, 어떻게 해야 뇌라고 부르는 10파운드의 뉴런 및 시냅스 덩어리를 가장 효과적으로 활용할지에 대해서는 배운 적 있는가?

과거를 한번 회상해보자. 당신은 아마 운동의 중요성에 대해 가르치는 체육시간을 학교에서 몇 년간이나 가졌을 것이다. 또, 생물수업에서는 우리 몸의 개별 세포 및 기관이 어떻게 작동하는지에 대해서 배웠다. 인체 중요 부위 사용법에 대해 배운, 다소 불편

배움에 있어서 가장 중요한 기술

한 성교육 시간도 있었을 것이다. 그런데 뇌에 대해서는 배운 바가 있는가?

뭔가 불공평하지 않은가?

냉장고 같은 단순한 제품을 사도 50페이지 분량의 사용설명서가 따라온다. 엔지니어팀에 의해 최대한 사용하기 쉽게 고안된 냉장고인데도 불구하고 말이다. 사용설명서에는 냉장고의 모든 사양에 대한 친절한 설명과 문제 발생 시의 대처법이 상세히 실려 있다. 그런데 이 세상에서 제일 복잡한 대상인 우리의 뇌에 대해서는 어떤가? 사용법에 대한 힌트만 얻어도 운 좋다고 여겨야 할 판이다.

이 때문에 우리가 학교생활과 학습에서 고군분투하는지도 모른다. 새로운 교재를 배우는 데 괴로울 정도로 지루함을 느끼고, 교재를 끝도 없이 복습하느라 시간을 허비한다. 시험 후에는 모두 잊어버릴 내용들뿐인데 말이다. 솔직해져보자. 고등학교 때 배운 삼각함수에 대해 지금 얼마나 기억하는가?

나에게는 이러한 학습 과정이 특히나 고통스러웠다. 유치원 때부터 나는 전형적인 '학급 코미디언'으로 통했다. 조용히 앉아 있으려면 좀이 쑤셨다. 아마도 세상에 태어나고 몇 년간은 그런 면이 귀엽고 사랑스럽게 느껴졌을 것이다. 초등학교 1학년 때 담임

선생님이 집으로 보낸 성적표에는 내가 "다른 학생들을 따라가기 힘들다"라고 쓰여 있었다. 그럼에도 선생님들은 나를 행복하고 사교적인 아이로 봐주셨다. 그래서 나의 돌발적이거나 산만한 행동도 너그러이 눈감아주셨다.

하지만 여덟 살이 되자 그런 참신함은 사그라지기 시작했다. 나의 가장 오래된 어린 시절 기억 중 하나는, 2학년 때 담임선생님과 여러 이상한 테스트를 치르느라 방과 후에 남아있던 일이다. 선생님은 이전에 특수교육을 담당했던 분이었다. 그때는 알지 못했지만, 당시 부모님은 내게 ADHD 테스트를 치르게 한 것이었다. 테스트 결과는 그다지 좋지 않았다. 물론 내가 ADHD를 정식으로 진단받은 건 아니었다. 하지만 남은 인생 동안 학습장애와 씨름할 게 뻔해 보였다. 부모님은 심지어 약물치료까지 고려하셨다. 그런데 다른 ADHD 아이들의 약물치료에 대한 반응을 보시더니 생각을 접으셨다. 창의적이고 밝은 아들을 약에 취한 좀비처럼 만들고 싶진 않으셨던 것이다. 그러실 만도 했다.

남은 초등학교 생활 동안 나는 언제나 말썽장이였다. 내 성적표에는 언제나 "산만함"과 "과제를 따라가기 힘듦"이 적혀 있었다. 그러나 다행히도, 굉장히 열정적이고 참을성 많은 선생님들이 곁에 계셨다. 나도 수업에서 배우는 것을 이해하느라 안간힘을 썼

배움에 있어서 가장 중요한 기술

다. 정말로 엄청난 양의 도움을 받은 덕에 낙제는 면할 수 있었다. 어쨌거나 나는 학교 수업 자체는 어찌 되든 크게 개의치 않고 방과후활동에 훨씬 열정을 가졌다.

이런 상황은 6학년에 되면서 완전히 바뀌었다. 새로운 학교에 다니게 되었기 때문이다. 옛날 학교보다 규모가 족히 세 배는 컸다. 갑자기 학교는 매우 심각한 곳이 되었다. 수업도 굉장히 어려웠다. 정말로 많이. 항상 제일 잘한다고 느꼈던 국어시간도 도통 이해가 되지 않았다. 수학이나 과학은 그야말로 불가능의 영역이 되었다.

나는 교과에만 뒤처지는 게 아니었다. 다른 아이들은 사회적 관계(심지어 연애까지)를 맺는 법을 배우는 듯했다. 중학교에서는 생존기술이나 마찬가지다. 그런데 나는 새로운 규칙과 관례를 지닌 이 두려운 환경이 이해가 가질 않았다. 한마디로, 중학교에서의 발달과정을 따라잡기 버거웠던 것이다. 내 친구들은 나날이 멋진 젊은이들로 성장해갔다. 하지만 내가 거울을 볼 때면 미성숙한데다 아무 자랑거리도 없는 초라한 아이가 비쳤다. '가장 멍청한 애' 중 하나가 된 게 부끄럽기 짝이 없었다. 그래서 학교 밖에서는 무의식적으로 옷차림과 행동을 튀게 하려고 기를 썼다. 별로 좋은 방향이 아닌 게 문제였다.

곧, 나는 다른 아이들 눈에 띄기 시작했다. 항상 놀림감이 되는 몇 명의 아이들 중 하나가 된 것이다. 조롱과 괴롭힘을 당하고, 상상할 수 있는 가장 잔인한 방법으로 모욕을 받았다. 점차 내가 친구들이라 부르던 소수의 부적응 학생들까지도 내게 등을 돌렸다. 그러고는 나를 향한 잔인한 농담을 던지는 무리에 동참했다. 나는 이해가 되지 않았다. 대체 왜 내게 이런 일이 일어난 걸까?

8학년이 되자 나는 걷잡을 수 없는 우울증에 빠지고 말았다. 매일 수업시간에 나는 되새길 문구를 팔등에 적고는 했다. "입 닥치란 말이야"부터 "나는 나를 증오한다"에 이르기까지. 열세 살에 이르러 나는 자살까지 생각하게 되었다. 내가 외동이 아니었으면 실제로 실행에 옮겼을지도 모른다. 다행히도 내 이런 상태를 눈치챈 한 여학생이 있었다. 평판을 위해서 우리의 우정을 비밀로 하기로 했지만, 그 애는 학교 상담선생님에게 가서 내 상황을 알려버렸다.

그다음에 일어난 상황은 내 인생에서 가장 괴로운 경험 중 하나로 남아있다. 항상 외동아들을 자신의 삶보다 더 소중히 여기고 사랑하셨던 부모님이 괴로움에 휩싸인 모습을 봐야 했으니까. 나를 거의 잃을 뻔한 상황에 괴로워하는 부모님의 모습은 내 영혼을 뒤흔들 만큼 큰 충격을 주었다. 부모님의 도움 아래 나는 한동

배움에 있어서 가장 중요한 기술

안 마음을 다잡기로 결심했다. 그리고 학교생활에 좀 더 주의를 기울였다.

그렇게 고등학교 1학년이 되었고, 내 상황은 점점 더 악화되어갔다. 그런데 우연히 한 친구가 몇 년 전 부모님에 이끌려 받았다는 약물치료를 소개해줬다. 그 약은 리탈린ritalin(ADHD 치료제인 향정신성 의약품)이었다.

갑자기 상황이 변하기 시작했다. 약을 처음 복용한 후, 나는 집으로 달려가 부모님께 말씀드렸다. 그리고 결국 나도 리탈린을 처방받게 됐다. 거의 하룻밤 새, 평균 C를 받던 나는 거의 전 과목에서 A를 받는 우수학생이 되었다. 별안간 자신감이 치솟았다. 대화할 때도 한층 또렷해지고, 갑작스런 발작 같은 주절거림도 훨씬 더 잘 조절할 수 있었다. 물론 리탈린 자체가 나를 더 똑똑하게 만든 건 아니었다. 여전히 나는 수업의 많은 부분을 이해하지 못했으니까. 나는 처방받은 약병을 손에 쥐고 잔머리를 굴렸다. 매일 오후 3시면 나는 집에 돌아와서 약을 또 먹었다. 그러고는 취침시간까지 내 방에 처박혀 있었다. 남들보다 쉽게 배우지 못하면 그저 더 열심히 공부하는 수밖에 없었다. 그러려면 약을 더 먹어야 했다. 그래야 따라잡을 수 있을 테니까. 무의식중에 나는 내면의 치유 메커니즘을 키우고 있었다. 즉, 다시는 멍청하고 수업을 이해하지 못하는 아이가 되지 않기로 맹세한 것이다. 이런 메커니즘이라면 남은 삶의 지침이 되어줄 것 같았다.

잔머리의 결과는 상당했다. 뛰어난 교과 성적과 수학능력시험 SAT 점수를 받았고, 또 수백만 달러 규모의 인터넷 사업도 키웠다. 캘리포니아대학교 버클리 캠퍼스에 입학 허가를 받았고, 우등으로 졸업했다. 그러고 나서 나는 24세 생일을 맞은 해에 인터넷 사업을 매각했다. 이런 성취 앞에서 나는 새로운 자신감(혹은 자아 ego)이 생겼고, 자존감도 상승했다. 하지만 사실은 약을 복용했어도 나는 대학에서 고군분투했다. 살아남기 위해서 좀 더 쉬운 전공으로 세 번이나 전과했을 정도다. 결국, 제일 쉽다고 생각한 사회학으로 마무리를 지었다. 게다가 대개의 대학생들처럼 시험장을 나가는 순간 공부한 것을 까먹었다. 하지만 그런들 무슨 상관이겠는가?

마치 내 문제들이 뒤안길로 사라진 듯했다. 시간은 빨리 흘러 어느새 2011년이 되었다. 나는 세계 유수의 비즈니스 스쿨인 인시아드INSEAD의 MBA에 입학 허가를 받았다. 싱가포르와 프랑스에서 수업을 받는 10개월간의 단기 코스였다. 그런데 내가 제일 못하던 과목의 교재를 2년치 분량이나 머릿속에 구겨 넣으려니 고역이었다. 그뿐이 아니었다. 거처하는 국가를 두 번이나 옮겨야 했고,

배움에 있어서 가장 중요한 기술

두 개의 외국어 자격증 시험을 봐야 했다. 또, 부업도 꾸준히 유지해야 했다. 그러고 나서도 여행을 다니고 사람들과 네트워크를 형성 할 시간도 가까스로 짜냈다. 이건 MBA 프로그램의 본 목적이기도 하니까.

옛날에 쓰던 잔머리는 이제 먹히지 않을 터였다. MBA를 시작하기 몇 달 전에 나는 1.200페이지에 달하는 읽기 교재를 받았다. 읽어도 무슨 뜻인지 전혀 모를 내용이었다. 더욱 가관인 것은 수업의 강사가 이런 장담을 했다는 것이다. "이 교재를 읽으면 개강 첫 주는 수월하게 시작할 수 있을 겁니다."

내가 대체 왜 MBA를 시작했던가. 게다가 이제 약은 복용하지도 않는데.

운 좋게도 당시 나는 이스라엘의 한 벤처기업 사무실에서 인턴으로 일하고 있었다. 그곳에서 나는 매우 똑똑하면서도 특이한 레브 골든터치Lev Goldentouch라는 인물을 만났다. 그는 세 개의 언어를 자유자재로 구사했다. 또, 고작 27세의 나이에 기계학습machine learning과 정보이론information theory 분야의 박사학위를 취득했다고한다. 그의 아내인 안나도 기억력과 속독법을 지역의 여러 대학교 학생들, 그리고 학습장애 아동들에게 수년간 가르쳐왔다.

레브는 내가 만나본 이들 중 가장 빠른 속도로 글을 읽었다. 그는 오전 아홉 시에 회사에 도착해 모닝커피를 마시면서 5~10개의 기사를 읽어내리곤 했다. 그래서 9시 15분경이면 우리의 공통 관심사가 될 만한 기사들 여러 개가 내 이메일 수신함에 쏟아져 들어왔다. 하지만 내가 진정 감탄한 부분은 따로 있었다. 바로 그가 15분 만에 기사 여러 개를 이해했을 뿐만 아니라 전부 기억했다는 점이다. 그 때문인지 레브와의 대화는 마치 위키피디아를 읽는 것 같았다. 물론 그보다는 레브가 더 유머감각이 있긴 했지만.

이 기술을 꼭 배워야겠다고 나는 다짐했다.

그 후 6주 동안 나는 레브, 안나 부부와 함께 이 기술을 훈련했다. 그리고 후일 이 학습법을 '슈퍼러닝SuperLearning'이라 명명했다. 가을학기가 되어 인시아드에 돌아갔을 때 나는 완전히 새로워져 있었다. 가끔 여덟 시간이나 동료들과 교실에 앉아 있기 위해 약을 복용한 적도 있긴 했다. 하지만 이제 나는 동료들을 따라잡았을 뿐 아니라 일부 과목에서는 그들보다 앞서나갔다. 다른 학생이 나를 불러 세워서는 "수업 시작 전에 그 많은 사례 연구를 다 읽을 시간이 있었나요?"라고 물은 적이 여러 번이었다. 혹은 "아까 왜 시험 종료 한 시간 전에 시험을 포기하고 나갔지요?"라고 물어온 적도 있었다. 그들은 내가 시험을 다 마쳤다는 사실을 몰랐던 것이다.

배움에 있어서 가장 중요한 기술

그럼에도 사회 관계적인 면에서 나는 인시아드에 크게 발붙이지 못했다. 동기 학생들 중 가장 어리고 연륜이 부족했기 때문이었다. 그래도 적어도 학업 성과 면에서는 내가 마치 '슈퍼휴먼'이 된 것만 같았다.

인시아드를 졸업하고 나는 이 새로운 '슈퍼러닝 학습법'을 마음껏 시험해보기로 했다. 우선, 어렸을 때 항상 어렵게 여기던 '사회적 관계' 분야부터 시도해보기로 했다. 그리하여 사회심리학, 몸짓언어, 매력과 카리스마에 대한 여러 책들을 빨아들이듯 읽었다. 또, 뇌과학과 기억, 학습이론에 대해 파고들어 레브와 안나로부터 배운 지식을 더욱 견고히 다졌다. 그런가 하면 신체운동학과 스포츠 요법에 관한 책들을 읽고 내 건강 문제를 진단 및 치료하기도 했다. 또, 삶의 여정에 관한 다양한 책을 읽고 영적으로, 감성적으로 자아를 개발해나갔다. 심지어 비즈니스 관련 책들과 컴퓨터 프로그래밍 코스에 대한 책들도 읽었다. 새로운 소프트웨어 스타트업을 시작하려는 의도였다.

그러다 한 가지 묘안이 떠올랐다.

일정이 바쁜 안나를 사람들에게 추천하는 대신 이런 다양한 기술들을 익힐 수 있는 온라인 강의를 직접 개설하면 어떨까?

나는 동영상을 찍고 편집하는 법, 새로운 학습 교재를 개발하는 법, 혹은 마케팅에 대해서 아무것도 몰랐다. 슈퍼러닝 학습법에 대해서만 확실히 알 뿐이었다. 결국, 어느 주말에 나는 45개 정도의 인터넷 페이지를 모니터에 띄워놓고 몰두하기 시작했다. 교육설계와 브랜딩, 기본적인 편집 소프트웨어 사용법에 대한 페이지들이었다. 그렇게 나는 온라인 강의를 구축하는 법을 파악하고는 마침내 근사한 온라인 강의 사이트를 완성했다. 그런 뒤, 부지런히 히브리어에서 영어로 자료들을 번역했다. 그로부터 두 달 뒤인 2013년 12월 6일, 드디어 '슈퍼러너가 되기Become a SuperLearner'라는 첫 온라인 강의가 시작됐다.

이후부터는 놀라운 과정의 연속이었다. 짧은 시간 내에 슈퍼러닝 학습법 강의는 최고의 명강의 중 하나에 올랐다. 불과 5년 만에 슈퍼러너 학습법을 배우는 20만 명 이상의 수강자들이 생겼고, 12개 이상의 강의가 개설됐다. 팟캐스트는 상도 탔다. 또, 관련 책도 두 권이 출간되었다. 마케팅과 리더십, 저작권, 조명 및 오디오 관리에 이르는 다양한 분야 등 온라인 강의 사업을 키우는 이 모든 과정에서 나는 필요할 때마다 슈퍼러너 학습법을 적용했다. 오늘날, 나는 내 온라인 강의가 '가속학습accelerated learning' 분야의 선두주자가 되었노라고 자신 있게 말할 수 있다. 더욱이, 사회적 관계에 대한 독서를 바탕으로 단단한 우정을 자랑하는 친구 집단도

배움에 있어서 가장 중요한 기술

사귀게 되었다. 또, 나를 사랑하고 내가 하는 모든 일에 도움이 되어주는 멋진 아내도 만났다.

7학년을 버티지 못할 뻔했던 아이치고는 성과가 꽤 좋지 않은가.

오늘날의 이런 결실 뒤에는 슈퍼러너 학습법의 도움이 컸다. 이 학습법을 익힌 뒤로 나는 더 행복하고, 건강하며, 부유한 사람이 되었다. 그러니, 나의 삶을 구원한 원동력이라 해도 과언이 아니다.

슈퍼러너 학습법은 내 삶만 변화시킨 게 아니다. 지난 5년간 나는 가능한 한 많은 이들이 내가 느꼈던 고통을 겪지 않게 돕는 일을 삶의 임무로 삼았다. 즉, 스스로가 바보 같다는 생각을 하거나 주위의 복잡한 환경을 이해하지 못하는 고통 말이다.

이러한 여정 동안 슈퍼러너 프로그램을 통한 변화와 관련하여 정말로 놀라운 몇몇 이야기도 만났다. 예를 들면, 의사인 줄리 라로카Juli La Rocca의 경우다. 그녀는 힘든 의과전문대학 시절을 보내고 레지던트를 하는 동안 출산까지 했다. 설상가상으로 학대에 가까운, 위험한 이성관계까지 그녀를 괴롭혔다. 그녀는 삶의 변화를 모색하기로 마음먹었다. 그리고 슈퍼러너 학습법을 찾았다. 이 학습법으로 그녀는 배움의 능력을 한 단계 업그레이드시켰다. 결국, 자신감을 얻은 그녀는 자신만의 연구도 시작했다. 싱글맘의 삶에 대해 살펴보고, 정서적 힘을 키우는 강력한 전체론적holistic 예방

치료법을 탄생시켰다.

게다가 슈퍼러너 학습법은 줄리의 내면에 잠재된 배움에의 열정을 일깨웠다. 우선, 그녀는 내 온라인 강의인 '브랜딩 유Branding You' 프로그램을 접했다. 그리고 단 몇 개월 만에 싱글맘들에게 비즈니스 강의를 선보이는 온라인 수업을 성공적으로 개설했다. 내가 이 글을 쓰는 순간, 그녀는 http://Unbreakable.mom이라는 웹사이트 개설을 위해 병원을 떠날 계획이라고 한다. 앞으로 그녀가 많은 이들에게 영감을 주고, 그녀 자신과 딸 줄레이를 위한 최선의 삶을 살 것이라 믿어 의심치 않는다.

다음은 공군 파일럿인 드와이트Dwight의 사례다. 그는 민간 항공기 파일럿으로 이직하는 데 필요한 여러 학습 및 암기에 엄두를 못 내고 있었다. 게다가 그는 하루에 무려 4시간을 통근하는 데 썼다. 그러다보니 공부할 시간이 전혀 남질 않았다. 다행히, 그는 다른 가속학습법 프로그램들을 시도해보던 중 슈퍼러너 학습법을 접하게 됐다. 그리고 즉시 효과를 체감했단다. 그는 출퇴근 시간 동안 차를 운전하며 슈퍼러너 학습법을 익히는 기발한 방법을 개발했다. 그리하여 읽기속도 및 학습능력을 세 배나 상승시킬 수 있었다. 끝없는 복습에도 결국 내용을 까먹고 마는 건 이미 과거의 일이었다. 결국, 금세 그는 항공기 매뉴얼을 통째로 외우는 데

배움에 있어서 가장 중요한 기술

성공했다. 그것도 적은 시간을 들여서 말이다. 드와이트는 슈퍼러너 학습법을 정말 빠르게 소화했다. 그래서 2019년에는 완전히 새로운 민간 항공기의 파일럿으로 승진까지 했다. 슈퍼러너 학습법을 통해 그 기종의 조종법도 빠르게 익히리라고 믿는다.

이런 성공사례들을 보면, 왜 나의 연구팀이 '학습법'이야말로 중요한 단 하나의 기술이라고 믿는지 이해가 갈 것이다. 결국, 효과적으로 학습이 가능하면 무엇이든 배우고 원하는 뭐든지 될 수 있기 때문이다. 우울한 왕따에서 성공한 사업가가 될 수도 있고, 힘겹게 버티던 젊은 전문직에서 늘 꿈꾸던 회사의 리더가 될 수도 있다. 지금 당신이 어떤 상태이든 열망하는 그 자리에 도달할 수 있다.

이제 당신이 '슈퍼러너 학습법'을 시작할 차례다.

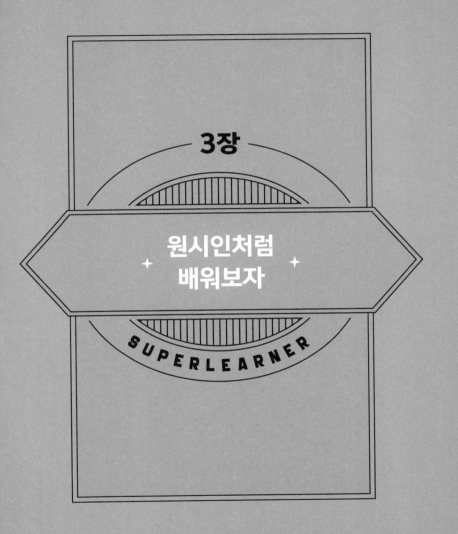

3장

원시인처럼
배워보자

SUPERLEARNER

잠시 당신이 약 1만 년 전 구석기시대의 원시인이 되어 아프리카 대초원을 거닌다고 상상해보라. 밝은 햇살이 비치는 상쾌한 아침이다. 배가 조금 고프긴 하지만 쓰러질 정도는 아니다.

평범한 구석기시대인인 당신은 무척이나 영리하다. 자각은 못 하겠지만, 지구 위를 걸어 다니는 종들 중에서 가장 영리한 존재다. 부족이 살고 있는 마을을 기억하여 되돌아갈 수 있고, 마실 물을 얻을 샘이 어딘지도 안다. 또 주위 환경과 해와 별을 관찰하고, 겨울에 먹을 식량을 저장해둘 비밀공간을 마련하기도 한다.

만약 당신이 여성이라면 아마도 수렵채집의 전문가일 가능성이 많다. 수천 가지의 식물들을 식별하고, 각 식물들이 어떤 영양 및

원시인처럼 배워보자

약효를 지니는지도 안다. 또, 이 식물들이 언제 자라는지, 비상시에는 어디에 가야 찾을 수 있는지도 안다. 한편, 당신이 남성이라면 유능한 사냥꾼일 확률이 높다. 모든 짐승들의 이동경로를 예상하여 항상 뒤를 쫓는다. 또, 동료와의 협력 및 협동으로 사냥을 하고, 잡은 사냥감이 부패하지 않도록 손질하는 법도 안다. 화살촉을 단 몇 초 만에 정교하게 만들어내고, 불은 몇 분 안에 피울 줄 안다. 은신처는 몇 시간이면 뚝딱 마련한다.

이런 매우 유용한 생존기술들뿐 아니라 사회적 체계 및 유대 관계에 대한 깊은 이해도 지녔다. 또, 자신이 속한 부족의 언어와 종교, 문화에 일가견이 있다. 모든 부족민들의 역사와 족보도 꿰뚫고 있다. 물론, 외부 부족에 대한 지식도 있다. 이웃 부족만의 표식이나 옷차림을 쉽게 알아보는 것이다. 어느 부족이 어느 지역을 어슬렁거리는지도 알고, 어느 부족이 특히 적대적인지도, 또 어느 부족이 귀한 물물교환 파트너인지도 안다. 이런 능력들을 보유하다 보면 아마 결국 당신의 자손들이 지구 전체를 정복하는 날이 올 것이다. 원하든 원하지 않든 간에.

단 하나의 문제점은 글을 쓰거나 읽지 못한다는 점이다. 사실, 원시인인 당신은 가끔 동굴 내부의 벽화는 보긴 했어도 글자라는 걸 한 번도 본 적이 없다.

그렇다고 그 사실이 신경 쓰이는가? 전혀 아니다. 왜냐하면 구석기시대의 우리 선조들에게 생존 전략으로 필요했던 정보는 교과서나 성경구절로부터 나오는 게 아니었기 때문이다. 오직 후각과 미각, 시각 정보만 필요했다. 다시 말해, 냄새와 맛, 시야만 중요했던 것이다.

설명을 더 해보겠다. 뇌와 연결된 감각인 향기와 맛은 인간이 가진 여러 감각들 중 가장 먼저 발달된 영역이다. 사실 이 감각들은 포유류의 뇌가 아닌 더 오래전 원시 파충류의 뇌에 강하게 각인된 것들이다. 그래서 기절한 사람은 소리나 접촉에 의해 깨지 못할지라도, 스멜링 솔트smelling salt(향기 나는 탄산암모늄) 냄새를 맡고 깨어날 수 있는 것이다. 또한, 가장 기억을 잘 할 수 있는 감각이 향기나 맛인 것도 이런 이유에서다. 못 믿겠으면 한번 시험해보라. 지금 당장 백화점으로 달려가 첫사랑이 썼던 향수나 코롱을 찾아 향기를 맡아보는 것이다. 냄새를 맡는 그 순간 수십 년 전 첫사랑의 기억이 새록새록 떠오를 것이다. 글쎄, 별로 떠올리고 싶지 않을진 모르지만. 혹은 어머니가 해주신 집밥의 향기로도 이런 비슷한 현상을 경험할 수 있다.

생각해보면, 이런 현상은 쉽게 이해가 간다. 만약 당신이 2억 년 전 판게아Pangaea를 어슬렁거리던 공룡이라면 상한 고기나 독성식

원시인처럼 배워보자

물의 향과 맛이 어떤지를 가장 잘 기억할 것이다. 그렇지 않다면, 쭉 그런 음식들을 마구 먹다가 죽는 건 시간문제다. 게다가 짝짓기를 하기도 전에 그런 일이 생길지 모른다. 이는 곧 당신의 '냄새를 못 맡는asnomic 유전자'를 후손에 남기지 못한다는 얘기다. 진화론과의 승부에서 판정패를 당하는 셈이다.

향기와 맛 다음으로 생존에 가장 도움이 되는 감각은 당연히 시각이다. 물론, 청각도 중요하기는 하다. 하지만 내셔널 지오그래픽 채널에서 보듯, 포식자가 공격을 하기 전 친절히 고함을 내지르는 경우는 거의 없다. 따라서 당신이 검치호랑이든 초기 유인원이든 위험이 어떤 모습으로 나타나는지 기억하지 못한다면 오래 살아남지 못할 것이다. 강을 건너기 위험한 시기가 언제인지, 어떤 모양의 뱀이 독성을 지니는지를 눈으로 보고 기억해야 한다. 또, 약초와 독초 간의 미묘한 차이도 알아야 한다. 궁극적으로, 지난 5억 년 동안 이런 정보들은 인류뿐 아니라 시각을 지닌 다른 수백 만 종의 생존을 도왔다.

시각과 매우 밀접하게 관련된 또 다른 능력은 바로 자신이 어디에 있는지를 인지하는 능력이다. 이런 위치감각sense of location은 순전히 환경을 인지하고 기억하는 능력에 좌우된다. 이는 너무나 명확하다. 땅에서 사는 모든 종족에게 위치감각이란 삶과 죽음의 문제이다. 만약 물이 솟는 샘으로 가는 길을 잃어버린다면? 겨울 식량이 비축된 곳을 까먹는다면? 안타깝게도 다시 한 번 진화론에 굴복하는 셈이다.

핵심은 수억 년 동안의 냉혹한 진화 과정 속에서 인간을 비롯한 포유류들은 향기와 맛, 시각을 무척 잘 기억하도록 발달돼왔다는 사실이다. 호모 사피엔스인 인간은 특히 선명하고vivid, 시각적이며visual, 경험적인experiential 학습을 하도록 적응되어왔다. 과학자들은 이런 현상을 "그림 우월성picture superiority effect(이미지가 있는 대상을 더 잘 기억하는 것)"이라고 명명했다. 우리는 스스로 '청각적auditory'이고 '촉각적tactile'인 학습에 능하다고 믿도록 이끌려왔는지도 모른다. 하지만 실은 우리는 천성적으로 '그림'을 기억하는 데 재능이 있다. 즉, 지루한 강의나 빽빽이 글이 써진 교과서로 배우는 재능은 덜하다는 뜻이다. 글쓰기 체계는 고작 5,000년 전에 처음 개발된 것이니까 말이다. 심지어 고작 몇 백 년 전까지만 해도 평범한 사람들은 글씨를 읽지도 못했다. 진화란 전능한 여왕 같은 존재이지만, 그렇게까지 빨리 움직이지는 않는다.

이런 점을 염두에 두고 자신의 학생시절을 회상해보길 바란다. 운 좋게 의학이나 엔지니어링 등 꽤나 시각적인 내용을 공부했다면 그중 몇 퍼센트나 선명하고, 시각적이며, 경험적이었는가? 그

원시인처럼 배워보자

리고 몇 퍼센트가 따분한 교과서나 장황한 강의로부터 온 것이었는가? 가장 최근에 배움을 시도했던 경험을 한번 떠올려보라. 학교 밖의 배움이라도 괜찮다. 어떤 식으로 접근을 했었는가?

가장 창의적이라고 말하는 학교들, 예를 들면 전통적인 몬테소리나 좀 더 최근의 뮤즈MUSE(미국 캘리포니아 소재의 유치원과 12학년 과정 사립학교로 환경주의를 표방한다) 같은 학교들은 시각적 교육의 중요성을 알고 이를 모델로 하는 학습을 고안해왔다. 이런 학교의 학생들은 기하학을 교과서로 배우지 않는다. 직접 구조물을 만들거나 실제 현상을 관찰하면서 배운다. 생물학도 마찬가지다. 선생님의 끝없는 지루한 목소리가 아니라 직접 정원을 가꾸며 키운 농작물을 학생 모두가 먹는 과정으로부터 배운다.

다행히, 슈퍼러너로서의 타고난 능력을 되찾기에 아직 늦은 건 아니다. 원시인처럼 학습하기 위해 기본 상태로 되돌아가기만 하면 된다. 우선, 학습을 할 때 뇌에서 어떤 일이 일어나는지를 살펴보기로 하자.

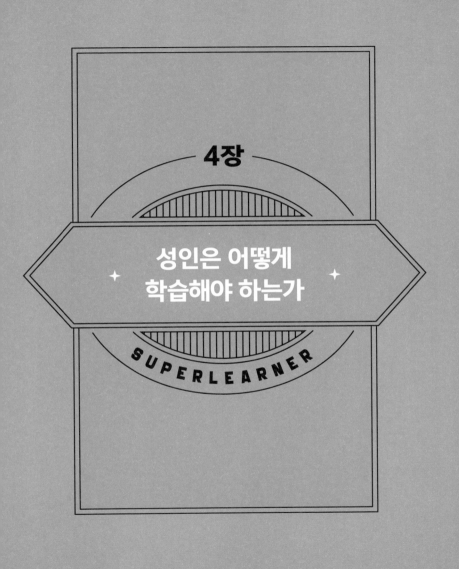

4장

성인은 어떻게
학습해야 하는가

SUPERLEARNER

"지식이란 그에 부합하는 경험으로만 얻을 수 있다. 그냥 듣는 것만으로 무엇을 배운단 말인가?"

_헨리 데이비드 소로

5학년 무렵, 어머니는 당신이 학습장애아동을 돌보는 일에 소질이 있다는 걸 깨달으셨다. 심리학 학위가 있던 어머니는 내친김에 학습장애 교사자격증까지 따기로 결심하셨다. 그렇게 어머니는 몇 개월간 열심히 공부하셨다. 원래 어머니는 내가 다니던, 발달장애아를 위한 유치원 원장이기도 하셨다. 그런데 자격증 공부를 하면서 유치원에서의 경험과 평소 직관으로 알고 계시던 사실들에 대해 더 폭넓게 이해하셨다고 한다. 오랜 자격증 공부를 마치신 어느 날 어머니가 지나가는 말로 하신 한마디가 항상 내 머릿속에 남아있다.

"손에 잡히는 게 아니면 머리에도 남지 않는단다."

성인은 어떻게 학습해야 하는가

앞서 우리의 뇌가 학습하도록 어떻게 진화했는지 살펴본 이상, 이 말이 특별히 놀라운 것은 아니다. 그럼에도 어머니의 말씀이 마음에 남았던 두 가지 이유가 있다. 첫째는 어머니가 직접 말로 하시는 걸 들으니 여태껏 왜 내가 교실에서 그렇게 어려움을 겪었는지 이해가 가서였다. 그리고 더 중요한 두 번째는 특정 학습법이 다른 학습법들에 비해 우월하다는 걸 깨달아서였다. 당시 열 살이었던 나는 학습에도 조건이 있다는 사실을 처음 알게 되었다. '손에 잡히는' 학습, 즉 경험에 의한 학습은 성인학습에 있어서유일한 조건이다.

그로부터 15년이 흐른 2011년, 나는 안나와 레브 부부의 집중 강의 코스를 막 마친 참이었다. 나는 학습에 대한 접근법만 바꾸면 어떤 공부든 더 쉽게 배울 수 있다는 사실을 깨닫고 어안이 벙벙해져 있었다. 그다음 1년 동안 나는 마치 인간 스펀지가 된 기분이었다. 건강 지식에서부터 기억력을 높이는 기법, 속독에 관한 연구자료까지 손대는 무슨 책이든 그저 흡수하느라 바빴다. 안나, 레브 부부와 함께 첫 온라인 강의를 개설하기 시작하면서부터는 팁이나 기법이 아닌 학습 전반의 기초 이론도 마구 받아들이기 시작했다. 나는 '인간은 어떻게 학습하는가'에 대한 실제적인 이해를 원했다.

예상한 대로 학습법에 대한 현존하는 연구들은 많았다. 그러나 그런 연구들을 들고 와서 당신을 지루하게 하려는 의도는 전혀 없다. 뭐든지 작동법을 제대로 알아야 자신 있게 쓸 수 있다고 믿는 주의지만, '최소 유효량minimal effective dose(약효가 발생하는 데 필요한 최소량)'이라는 개념도 있으니까 말이다. 생각해보면, 수동기어박스의 정확한 기어 비율을 알아야만 수동변속 자동차를 운전할 수 있는 건 아니잖은가.

학습법에 대한 리서치를 하는 동안 나는 특히 업적의 존재감이 두드러지는 인물을 마주하게 됐다. 바로 하버드대학교와 시카고대학교에서 학위를 딴 말콤 놀스Malcolm Knowles 박사였다. 놀스는 국립청년협회National Youth Administration에서 커리어를 시작했고, 후에 보스톤 YMCA의 성인교육 담당자가 되었다. 2차 세계대전 후에는 성인교육연합Adult Education Association 이사직을 겸하며 박사학위를 취득하였다. 그 후 14년 동안 놀스는 보스턴대학교에서 성인교육 분야의 조교수를 역임했다. 그 와중에 230개의 논문과 18권의 책을 펴냈다. 거의 모두가 그가 안드라고지andaragogy라 명명한 분야에 대한 글이었다. '안드라고지'란 성인학습에 대한 과학이다.

다시 말해, 놀스는 '성인이 학습하는 법'에 대한 깊은 이해를 지닌 학자였다.

성인은 어떻게 학습해야 하는가

놀스 박사의 연구가 두드러지는 이유는 첨단 뇌과학 기술을 활용해서가 아니었다. 혹은 그의 학습법이 교육 체계에 일대 혁신을 불러와서도 아니었다. 그 이유는 바로 놀스의 연구가 성인학습자의 요구에 특별한 초점을 맞추었기 때문이다. 놀스만큼 성인교육에 있어서의 동기에 큰 관심을 둔 학자는 유래가 없었다. 뿐만 아니라 놀스는 동기의 필요조건에 대해서도 많은 연구를 했다.

그렇다면 그 필요조건들이란 무엇일까?

토대
:

놀스는 성인학습자에게는 어린 학생들보다 인생 경험이 더 많다는 사실에 주목했다. 일단 성인들은 활용할 수 있는 지식 집합체의 크기가 훨씬 크다. 또한 인생을 더 오래 살며 다양한 경험을 했기 때문에 실수도 많이 했고 성공도 여러 번 맛봤다. 이 때문에 성인학습자는 배움의 환경에 들어설 때 이미 세상의 이치에 대해 강한 선입견을 갖고 있다. 아직 훈련받지 않은 학습자에게 이런 선경험은 자산이 되기도, 짐이 되기도 한다. 우선, 선경험으로 인해 주변의 세상을 더 쉽게 이해할 수 있다(나중에 보게 될 테지만, 이는 우리의 기억과 강한 연결고리를 형성하는 데 도움이 된다). 다른 한편으로는, 너무 강한 선입견을 갖고 있으면 새로운 정보에 마음을 활짝 열기 어렵게 된다. 아무리 그 정보가 옳다고 해도.

이러한 사실들이 우리 성인학습자들에게 시사하는 바는 무엇일까? 간단히 말하면, 무언가를 배울 때 과거의 지식 및 경험을 적극 활용해야 한다는 것이다. 새롭게 배우는 정보를 우리가 이미 아는 정보와 비교 및 대조할 줄 알아야 한다. 옛날의 정보와 어떤 점에서 다른가? 또 어떤 점이 같은가? 우리 앞에 놓인 이 새롭고 흥미로운 주제에 과거의 정보 및 경험은 어떻게 기여할 수 있는가? 너무나 자주 우리는 '새로운' 정보를 '완벽하게 모르는' 정보처럼 접근한다. 사실 모든 인간 지식은 서로 연결점이 있기 마련인데도 말이다. 이를 인정하는 마음가짐의 강력한 전환이 일어나는 순간부터 당신은 더 효율적인 학습자가 될 수 있다(특히 앞으로 곧 배우게 될 기억력 기법과 결합한다면).

배우고자 하는 욕구
⋮
매 세대마다 공부가 따분한 학생들이 던지는 케케묵은 질문에

성인은 어떻게 학습해야 하는가

모두가 익숙할 것이다.

"대체 내가 왜 이걸 배워야 하지? 도대체 이걸 어디다 쓴다고?"

당신도 한 번쯤은 이런 질문을 던져봤거나 다른 사람이 이런 질문을 하는 것을 목격했을 터이다.

하지만 어린아이들은 이런 질문들을 거의 던지지 않는다는 사실을 주목해본 적이 있는가? 놀스에 따르면, 우리가 배우는 방식은 성숙 과정에 따라 조금씩 바뀐다. 우리의 뇌가 성인기에 접어들면, 우리는 훨씬 더 식별력을 갖추게 된다. 더 이상 '선생님이 하라고 해서' 자리에 앉아 정보를 외우려는 마음도, 능력도 사라진다. 사춘기에 접어들면 우리는 갑자기 이런 점을 궁금해한다. '왜? 이 특정 정보가 우리 삶에 무슨 상관이지?' 하지만 아무리 고상하고 철학적인 이유를 갖다 대도 석연치 않아 한다. 십대 청소년에게 '원만한 사람이 되기 위해' 대수algebra 숙제를 하라고 말해본 적이 있는가? 이런 말을 듣는다면 대부분의 청소년들은 "사양할게요"와 비슷한 류의 답을 할 것이다. 우리의 뇌가 성숙해져가면서 우리는 학습의 원인을 좀 더 실용적이고 기능적인 데서 찾으려 한다. '왜 특정 정보가 가치 있는가'를 아는 것만으로는 부족하다. '그 정보를 어떻게 활용할 것인가?' 또, '우리의 목적 성취에 그 정보가 도움이 되는가?'가 중요하다.

여기서도 단순한 마음가짐의 변화가 큰 차이를 불러올 수 있다. 즉, 특정 정보가 어떻게 현실에 적용되는지를 고려하는 것만으로 도 학습의 집중력 및 기억력이 향상될 수 있는 것이다. 이 책의 후 반부에서 '미리 읽기pre-reading'라는 효과적인 학습법을 살펴볼 때 이 '학습의 현실적 적용 원리'를 결합하면 더 큰 효과를 볼 수 있을 것이다.

당장의 활용성

:

위에서 살펴봤듯, 성인학습자들은 배운 지식을 어떻게 활용할 지를 알기 원한다. 하지만 불행히도, 너무나 식별을 잘하는 우리 의 뇌는 그 정도로는 만족하지 않는다. 지식을 어떻게 응용할지를 넘어서 지금 당장 쓸 수 있는 지식인지를 알고 싶어 한다. 다시 한 번, 변덕스러운 십대 청소년에게 '역사를 배워야 하는 이유'가 '자 녀를 낳았을 때 유용하기 때문에'라고 말해보라. 어떤 답변을 듣 겠는가? 대부분의 성인의 뇌는 당장 배워야 하는 압력이 없는 이 상 무언가를 배우기 싫어한다. 이는 놀스의 시대에도 그랬다. 그 런데 요즘처럼 끝없이 바쁜 정보 과부하 시대에는 오죽하겠는가.

성인은 어떻게 학습해야 하는가

다행히도, 우리가 성인이 되어 배우는 것들은 대개 지금 알 필요가 있는 것들이다. 업무를 비롯한 실용적 효용이 있는 것들 말이다. 이런 원리를 생각할 때 그 논리적 귀결은 무엇일까? 바로 성인들은 활발한 연습 및 참여가 있을 때 가장 잘 배울 수 있다는 사실이다. 따라서 학습 경험을 이에 맞도록 고안해야 한다. 특정 정보가 곧장 유용하다고 뇌를 설득할 수 있는 가장 좋은 방법은 그 정보를 직접 사용해보는 것뿐이지 않은가. 이 때문에 피아노 레슨은 대개 지루한 음악 이론으로 시작하지 않는다. 또, 컴퓨터 프로그래밍 강의도 뭔가 유용한 것을 만들어보는 것부터 시작한다. 더 이상 '헬로 월드Hello, World!'라는 메시지를 화면에 출력하게 하는, 쓸모없는 프로그램을 만들려는 급한 목적은 없으니까.

방향성
:

이처럼, 성인의 학습은 훨씬 더 실용적이고 실제적이다. 따라서 성인의 학습을 문제 해결 위주로 고안하는 건 지극히 논리적이다. 청소년들은 지식의 폭을 넓혀가는 과정에서 기술을 순차적으로 익히는 경향이 있다. 하지만 성인은 다르다. 놀스는 성인들은 문제를 직접 맞닥뜨린 후 해결책을 찾아가는 게 최선의 학습임을 깨달았다. 생각해보면, 이는 완전히 이치에 맞는다. 성인으로서 우리는 '내가 지금 배우는 게 바로 써먹을 수 있는 건가?'를 궁금해 하니까. 따라서 실제 문제 및 도전과제를 푸는 게 최선의 학습법인 것이다. 이런 식이면, 학습 경험에 실용적인 응용이 녹아들 수 있다.

이런 이유 때문에 성인은 학습 과정에서 문제 위주 대 문제 해결 위주의 방향성에 주의를 기울일 필요가 있다. 정보를 활용하고, 현실적인 응용방법을 생각하는 것이 효과적 학습에 필수이다. 연구에 따르면, 이런 방식이 우리가 배우는 것을 더 자세히 이해하고 기억하는 데 도움이 된다고 한다.[4]

자아 개념
:

선경험과 실용적인 응용에 더해, 성인의 학습법에는 필요조건이 한 가지 더 있다. 바로 '적극적인 참여'이다. 앞서서 수동적으로 유튜브 동영상을 본 뒤 결국 배운 내용을 다 까먹어본 적이 있는가? 혹은 저자가 당신이 필요로 하는 모든 것을 다 말해준다는 책

성인은 어떻게 학습해야 하는가

을 읽었지만 뭔가 부족하다는 느낌을 받아본 적은?

놀스 박사는 성인학습자들은 더 확고한 정체성을 지닌다고 주장했다. 스스로의 경험뿐 아니라 판단력도 믿는다는 것이다. 어찌보면 당연하지 않은가? 자기 자신인 채로 수십 년간을 살아왔으니까 말이다. 자신보다 스스로를 더 잘 아는 이가 누가 있단 말인가. 이 때문에 성인학습자들은 배움의 장에서 학습 계획 및 평가에 직접 참여할 필요가 있다. 각자가 놓인 상황에 맞는 결정을 내리고, 자신의 학습 경험을 타인의 것과 비교해야 한다. 학습을 향한 여정을 스스로 택하고 적극적으로 움직일 필요가 있다.

이 때문에 나의 온라인 강의들은 학생이 학습의 여정 동안 충분한 선택권을 지니도록 했다. 물론 고정된 강의이긴 하지만, 우선 학생들이 주어진 학습 주제의 보충 교재를 선택할 수 있도록 했다. 강의에서 원래 요구하는 교재만 볼 수도 있다. 또, 추천하는 속도로 강의를 들을 수도 있고, 도움을 받아 더 천천히 강의를 들을 수도 있다. 강의에 대한 토론방을 마련해 다른 학생들이 어떤 학습 경로를 택하는지도 살펴볼 수 있다. 또한, 학생들이 응용에 대한 큰 필요가 없다고 느끼는 강의는 직접 건너뛰도록 장려했다. 그럼으로써 학습 경험에서 학생들 스스로가 '동등한 파트너'가 되도록 권한을 부여한 것이다. 사실, 나의 강의에서는 '전문가'와 '학생'이라는 상하관계가 없다. 그리고 학생들이 강의 첫 시간부터 스스로의 학습에 대한 소유권ownership을 갖도록 독려한다. 학생들이 책임감을 느끼는 것만으로도 학습의 재미와 성공에 큰 영향을 미치기 때문이다.

만약 다음에 평범한 온라인 강의나 매우 정형화된 회사 트레이닝 등 경직된 수업 환경에 놓이게 된다면, 한발 물러서서 생각해보라. 맞춤형 강의의 여건이 되었는지, 학습의 의사결정 및 소유권을 주장할 수 있었는지를. 이 책의 후반부에서 다룰 '무작위 대입 학습법brute force learning'에서 이런 사고를 촉진하는 법을 배울 예정이다.

동기

⋮

마지막으로 학습법에서 가장 껄끄러운 주제인 동기에 대해 말할 차례다. 앞서 밝혔듯이 성인학습자들은 그저 다른 누군가가 하라고 해서 공부할 힘을 내기는 어렵다. 학습을 해서 얻을 큰 목표가 있어야 한다. 예를 들어 중요한 진급이 달렸다든가, 꿈꿔왔던 학위를 딴다든가 하는 목표다. 동료들을 따라잡기 위해 필요한 기

성인은 어떻게 학습해야 하는가

술 습득도 마찬가지다. 그래야 제대로 배울 수 있다.

왜 그럴까?

성인학습자들은 매우 분별력이 있고, 실용적일 뿐만 아니라, 내재 동기internal motivation에 더 잘 반응하기 때문이다. 영화를 보러 가거나 레스토랑을 가는 것은 타인이 시켜서 하는 외재 동기external motivation만으로 가능할지 모른다. 하지만 소중한 시간과 에너지를 써가며 새로운 배움에 몰두하는 것은 외재 동기만으로는 부족하다. 한마디로, 강사나 상사, 친구들이 당신을 공부하게 만들기 힘들다. 대신, 학습에 대한 동기는 내면에서, 즉 앞서 살펴본 다섯가지 필요조건으로부터 우러나와야 한다. 뭔가를 배우려는 동기를 만들고 싶다면 왜 그런지 자신의 내면을 깊이 들여다볼 필요가 있다. '왜 그것을 배우길 원하는가?' '배운 것을 어떻게 활용할 것인가?' '이것을 배우면 삶에 어떤 보탬이 될까?' 힘든 학습이라는 도전과제 앞에서 이런 질문들로 집중력 연습을 해보길 바란다. 이런 연습이 자신만의 동기를 깨우는 유용한 방편임을 깨닫게 될 것이다. 커피 몇 잔보다도 훨씬 효과가 좋을 테니까.

지금까지 놀스가 제시한 '성인학습의 6가지 원칙'에 대해 살펴보았다. 이제, 무언가를 배우느라 정말 애를 먹었던 과거를 한번 떠올려보기 바란다. 나에게는 대학 신입생 때 대수 시간이 그랬다. 여하튼, 그런 과거에 이 여섯 원칙들 중 몇 개 정도나 해당됐는지 생각해보라. 한 개 정도거나 아예 없을지도 모른다. 대수를 예로 들면, 아마 다른 수학 분야를 배우며 얻은 선지식을 활용하긴 했을 것이다. 하지만 수학 선생님이 당신의 실제 경험과 대수 간의 연결고리를 찾아주진 않았다. 게다가 X값과 Y값을 찾으려는, 현실적이고 긴박한 이유도 없었을 것이다. 그러니 내재 동기가 컸을 리 만무하다. 당신도 이런 '문제 중심'의 학습 경험은 이미 충분히 겪었을 것이다. 그것도 매일 밤 지겹게 말이다. 하지만 아무도 강의 계획을 직접 짜보라고 당신을 부르지는 않았을 것이다.

안타깝지만, 오늘날 대부분의 교육 환경이 이런 식이다 개인 맞춤형 학습이 한 집단 전체에게 잘 맞기란 어려운 일이기는 하다. 전통적인 교실 환경에서는 최고의 선생님일지라도 모든 학생들의 요구를 다 맞추기란 불가능하다. 모든 학생들에게 일일이 과거의 학습 경험을 묻는다거나, 배운 지식을 어떻게 활용할 것인지를 묻는다고 상상해보라. 더욱이, 학생들이 자신만의 개별 커리큘럼을 짠다고 하면 대혼란이 발생할지 모른다. 그저 환경이 받혀주질 않는 것이다. 좋든 싫든 우리의 현 교육 체계는 미래의 훌륭한 일벌들을 대량 생산하도록 설계되어 있다. 획일화된 환경에 적응하

성인은 어떻게 학습해야 하는가

지 않으면, 일벌은 멀리 날아가기 힘들다.

그러나 이 책을 읽는 당신은 다행히 선택권을 가지고 있다. 학습의 원칙에 대해서 살펴보았으니 스스로의 학습 환경도 창조할 수 있을 것이다. 또, 뇌가 원하는 방향으로 학습하는 방법도 배울 것이다. 우선, 약간의 준비만 하면 된다.

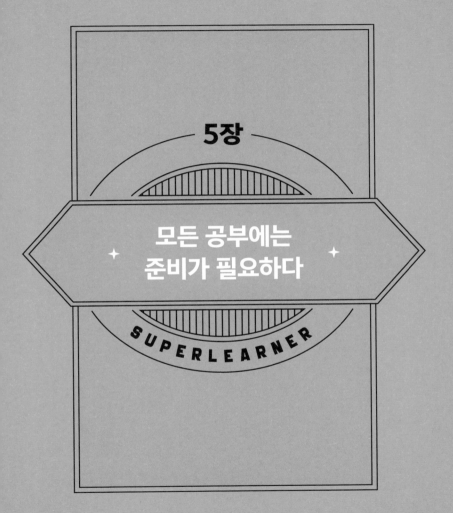

5장

모든 공부에는
준비가 필요하다

SUPERLEARNER

어떤 사람이 한 나무꾼에게 질문을 했다.

"시간이 6분밖에 없는데, 그 안에 나무를 잘라야 한다면 어쩔 거요?"

그러자 나무꾼은 답했다.

"첫 4분 동안은 내 도끼를 가는 데 쓸 거요."

_출처 미상

무언가를 학습하려고 자리에 앉으면서 우리는 마음이 들뜨고, 열정적이며, 열의가 넘치는 경험을 자주 한다. 눈앞의 새로운 공부에 퐁당 빠져들어 완전히 몰두할 준비가 돼있다. '제대로 최선을 다해야지' 하고 생각한다. 하지만 현실은 어떨까? 열정을 가지는 건 좋지만, 계획 없는 학습은 득보다 실이 되는 경우가 많다.

몇 년 전, 나는 네 번째 언어로 러시아어를 배우기로 마음먹었다. 의욕이 마구 샘솟는 게 느껴졌다. 러시아어 선택에는 여러 이유가 있었다. 우선, 가속학습 분야의 최신 전문가로서 나는 내가 가르치는 내용의 위력을 증명해보이고 싶었다. 그래서 비교적 어려운 언어라고 생각한 러시아어를 선택한 것이다. 둘째로, 나는

모든 공부에는 준비가 필요하다

이미 독일어와 라틴어, 히브리어를 할 줄 알았기에 뭔가 완전히 새로운 언어를 시도해보고 싶었다. 마지막으로, 학습의 '긴박한 필요성'과 '즉각적인 활용'이라는 차원을 시험해보는 게 무척 중요하다고 느꼈기 때문이다. 이스라엘에는 중국어를 하는 이들은 많지 않았지만, 러시아어를 하는 사람들은 상당수 있었다.

'연말까지 러시아어를 정복해야지'라는 순진한 목표를 세운 뒤 나는 무시무시한 열정으로 공부에 뛰어들었다. 며칠 동안 러시아어의 알파벳 글자를 외우고(필기체와 활자체 모두), 각각의 발음을 익히는 데 성공했다. 그러고 나서 몇 주간 수백 개의 새로운 러시아어 단어를 외웠다. 그 뒤 문법을 공부하고, 기초적인 문장을 만들 수 있게 됐다. 심지어 키보드를 보지 않고도 러시아어로 타이핑을 하게 됐다. 그야말로 파죽지세였다.

몇 개월 뒤 나는 모스크바에 도착했다. 그동안 갈고닦은 러시아어 실력을 내 러시아인 친구들에게 뽐내고 싶어서 좀이 쑤셨다.

그런데 얼토당토않은 꿈에서 나는 곧 깨어났다.

모스크바의 도모데도보 공항에서 시내 중심부로 가는 열차 안에서 나는 시티뱅크의 광고판을 보게 됐다. 러시아어로 된 시티뱅크의 슬로건은 매우 친절하게 들렸다.

"시티뱅크. 항상 당신과 함께. 항상 당신을 위해."

러시아어 알파벳으로 이렇게 쓰여 있었다.

"Ситибанк. Всегда с Вами. Всегда Для Вас."

아니, 잠깐만.

나는 글자들의 뜻을 거의 다 알았고, 러시아어로 '당신'을 뜻하는 격식 있는 3인칭 복수가 뭔지도 알았다. 스페인어의 'usted'와 비슷한 개념이라는 것도 알고 있었다.

하지만 왜 '당신'을 뜻하는데 두 개의 다른 단어를 썼을까?

난감한 걸.

나중에 알고 보니, 러시아어 공부를 그렇게 열심히 했음에도 한 가지 중요한 요소를 무시하고 있었던 것이다.

즉, 러시아어에는 문맥에 따라 각 단어(대명사를 포함한)마다 발음하는 방법이 여섯 가지나 된다는 사실이었다.

그게 다가 아니었다. 중요도 순서대로 정리했다고 생각했던 내 단어 리스트도 사실은 별로 그렇지 않았다는 걸 재빨리 깨달았다. 내가 외운 '튜브'라는 뜻의 'Трубка', '자루'라는 뜻의 'Мешок'와 같은 단어들도 물론 유용했다. 하지만 더 중요한 '출입구'를 뜻하는 'Вход'와 '출구'를 뜻하는 'Выход'의 차이는 몰랐다. 크렘린 궁의 경비원이 그런 나를 보고 탐탁지 않게 여긴 게 이해가 갔다.

뭐가 잘못되었던 걸까?

모든 공부에는 준비가 필요하다

다름 아니라 학습 계획을 잘못 짠 것이었다.

즉, 러시아어의 넓은 개요를 파악하는 데 실패한 것이었다. 3만 피트 상공에서 숲을 봐야 하는데 곧바로 나무를 보러 간 셈이었다. 너무 들뜬 나머지 단어와 문법 간에 적절한 균형을 유지하는 학습 계획을 세우지도 않았다. 한마디로, '큰 그림'을 보기 위해 공부 중간에 멈춘 적이 없었다. 그리고 문법 체계가 실제로 어떻게 적용되는지를 살피지도 않았다. 그저 러시아어 기초라고 생각되는 것에 뛰어들어버렸던 것이다. 안타깝게도 오늘날까지 나는 평균 이하의 러시아어 회화만 가능할 뿐이다.

학습을 논리적인 방법으로 미리 구조화하고, 적절한 준비를 하는 것은 가속학습 분야에서 자주 등장하는 주제다. 요리책을 가장했지만 실제로는 가속학습 교재나 다름없는 팀 페리스Tim Ferris의 『네 시간 요리사The 4-Hour Chef』를 살펴보자. 페리스는 가속학습의 준비를 위한 자신의 틀을 이렇게 설명했다.

해체(Deconstruction): 대상을 배움의 가장 기초적인 유닛으로 어떻게 세분화할 수 있는가? 예를 들면 개별 단어 및 문법 같은 유닛으로.

선별(Selection): 그중 어떤 20퍼센트의 유닛들이 내게 80퍼센트의 이득을 가져다줄 수 있는가(파레토의 법칙)?

결정(Sequencing): 이 유닛들을 배우는 가장 이상적인 순서는 무엇인가?

조건 걸기(Stakes): 심리적 요인 및 사회적 압박 등을 어떻게 이용해서 학습시간을 단축하고 스스로를 더 빨리 배우도록 채찍질할 것인가?

이런 준비 과정(그리고 앞으로 배울 다른 기술들도)을 통해 페리스는 성공한 작가이자 발명가, 최고의 팟캐스터, 실력 있는 요리사가 될 수 있었다. 심지어 레슬링 챔피언이자 탱고댄서이기도 하다.

당신이 학습하려는 게 무엇이든, 앞서 그에 대해 생각해보는 게 핵심이다.

최근에 나는 자크 에반스Zach Evans를 인터뷰했다. 그는 '피아노 슈퍼휴먼Piano Superhuman'이라는 인기 온라인 피아노 강의의 창시자이다. 인터뷰 동안, 자크는 학생들이 가장 큰 성과를 내도록 도왔을 때는 미리 앞서나가는 사고를 했을 때라고 말했다. 수년간의

모든 공부에는 준비가 필요하다

강의 동안 그는 피아노 연주를 개별 기법 및 섹션으로 세분화하는 방법을 개발했다. 그리고 세분화된 각 기법을 하나씩 순서대로 연마하게 했다. 자크는 또 이렇게 주장했다. 스스로의 학습을 의도적이고 체계적인 방법으로 계획하지 않으면 시간을 낭비하는 등 안 좋은 학습 습관으로 되돌아간다는 것이었다. 현실에 그저 안주해버리는 것이다. 자크는 이러한 사실을 어느 날 우연히 자신의 연습시간에 비디오카메라를 켜놓으면서 깨닫게 됐다. 찍힌 영상을 보니 그는 이미 알고 있는 곡을 연주하느라 두 시간을 통째로 허비하고 있었단다.

새 과목을 학습하기 전에 자문해야 할 여러 질문들이 있다. 이 질문들은 그 과목을 배우는 가장 효과적인 방법을 결정할 뿐 아니라 그 이상의 효과도 지닌다. 사실, 이 책의 후반부에서 짜증날 정도로 효과적인 기억법을 배울 예정이다. 그러면, 뭔가를 잘못된 방식으로 배우는 게 평생 남는 역효과를 불러올 수 있다는 사실을 깨닫게 될 것이다.

특정 학습 프로젝트에 뛰어들 때 고려할 질문들은 다음과 같다.

내가 왜 이 지식을 익히는가? 또 언제, 어떻게 이 지식을 실제로 활용할 것인가? 이 첫 번째 질문은 '앞서 놀스 박사의 성인학습의 필요조건 중 일부와 겹침을 눈치 챘을 것이다. 나아가 이 질문은 '우리가 무엇에 집중해야 하는가'를 결정하는 데 큰 도움이 된다. 러시아어를 예로 들면, 공사현장 기사들과 대화를 나누려고 러시아어를 배우지 않는 이상, 'труба(튜브)' 같은 단어는 별 소용이 없다. 한편, 구소련 지역을 방문하려면 기본적인 문법을 배우는 걸 우선순위로 삼아야 할 것이다(나는 러시아어로 '출입구'와 '출구' 같은 실용적인 단어들을 외울 것을 강력 추천한다).

어느 정도 레벨의 지식이 필요한가? 앞서 '학습 준비'에 대한 내용에서 언급하지 않은 게 바로 '학습의 깊이depth'이다. 지식의 이해에는 다양한 레벨이 존재한다. 한 예로, 여러 지식 목록에 대한 기억력은 특정 지식에 대한 창의력과는 매우 다르다. 그러니 스스로에게 이런 질문을 던져보라. '지금 배우는 지식을 어느 레벨까지 배울 필요가 있는가?'

당신이 의사라고 가정해보자. 특정 병에 대한 타인의 연구들을 토씨 하나 안 빠뜨리고 읊을 수 있는 수준이 되어 박사논문에 도전할 정도가 필요한가? 아니면, 다음에 그런 병을 앓는 환자가 내원할 경우 어떤 자료를 찾아볼지 미리 아는 정도가 필요한가? 특정 지식에 대해 어느 정도의 깊이가 필요한가에 따라 학습 접근

모든 공부에는 준비가 필요하다

법은 극적으로 달라질 수 있다. 물론 공부에 들이는 시간도 차이가 많이 난다.

특정 지식을 어떻게 세분화할 수 있는가? 또, 세분화된 지식들은 더 큰 카테고리 및 테마로 어떻게 다시 재결합할 수 있는가? 지식의 세분화에 대한 질문이다. 새 과목에서 지식은 어떤 유닛으로 나뉘는가? 예를 들면 시의 구절이나, 컴퓨터 프로그래밍 언어의 함수, 혹은 악기의 코드, 어휘 목록의 개별 단어 등등. 이런 개별 유닛들을 결정한 뒤 이를테면 특정 역사 시대, 악보의 조표, 연설의 일부분 등 어떻게 카테고리별로 분류할 것인가?

내 개인적 목표에 비추어 배워야 할 가장 중요한 것들은 무엇인가? 이미 알고 있겠지만, 파레토의 원칙은 20퍼센트의 작업으로 80퍼센트의 성과를 얻는다는 이론이다. 이 이론에 따르면, 특정 분야에서 세계 제일의 석학이 되는 걸 꿈꾸지 않는 이상, 학습에서 80퍼센트 정도의 노력은 아낄 수 있다. 음악에서 예를 들자면, 우리 대부분은 개별 음표의 주파수를 배울 필요가 없다. 또, 만약 영어 과목이라면 영어가 모국어가 아닌 대부분의 학생들은 미래완료진행형까지는 신경 쓰지 않아도 된다. 사실, 미국을 떠나

해외생활을 오래한 나의 경험으로는 이런 시제로 인한 혼란을 아예 방지하는 게 더 나을 듯싶다.

이 지식을 배우는 데 적절한 순서는 무엇인가? 한 문장을 완벽하게 만들 정도의 어휘 실력이 되지 않는데 복잡한 문법들만 산더미 같이 배우는 건 이치에 맞지 않는다. 마찬가지로, 어떤 키가 어떤 음을 연주하는지 알 때까지 악보 보는 법을 배우는 건 별로 유용하지 않다. 내가 러시아어를 배울 때 느낀 바대로, 학습의 순서는 정말이지 중요하다. 순서가 어긋난 학습 내용을 배우느라 허비한 시간은 다시 돌아오지 않음을 명심하라.

이 지식에 실제로 어떻게 접근할 것인가? 어떤 지식을 배울지 아는 것만큼 중요한 것이 있다. 다름 아니라 그 지식에의 접근법을 아는 것이다. 러시아어 학습을 시작했을 때 나는 내 기억의 궁전memory palace(앞으로 만나보게 될 효과적인 학습법)을 알파벳 순서대로 정리하는 실수를 했다. 당시에는 그게 매우 논리적인 방법이라 생각한 것이다. 하지만 외국어로 한 문장을 쓰고 나서, "내가 정말로 필요한 건 k로 시작하는 단어인데 말야"라고 생각하는 경우가 얼마나 있겠는가? 사실, 아마 명사나 부사 같은, 연설의 특정 부분

모든 공부에는 준비가 필요하다

을 찾는 경우가 더 많을 것이다.

여하튼 나는 내 실수를 성공한 슈퍼러너이자 다중언어사용자인 데이비드 산즈 스틴슨David Sanz Stinson을 만나고서야 깨달았다. 물론 그때는 이미 늦었지만 말이다. 그러니, 새로운 지식을 암기하기 위해 준비하는 과정에서 나 같은 실수를 피하길 바란다. 예를 들어, 만약 당신이 변호사 시험을 준비한다면, 형법전에 나와 있는 순서대로 법률 조항들을 접근할 것인가? 나는 그러지 않을 거라 생각한다. 각 법률 조항이 어떤 유형의 법률에 속하는지를 먼저 알아야 한다. 이런 식의 암기법이 훨씬 더 쓸모 있고 새로운 학습 프로젝트가 될 수 있다.

당신의 학습 스케줄은 어떤 형태이며, 어떻게 학습시간을 압축할 것인가? 앞서 소개한 팀 페리스는 자신의 여러 저서에 파킨슨의 법칙Parkinson's Law을 언급했다. 이 법칙은 곧 학습시간은 당신이 할애한 시간만큼 길어진다는 것이다. 당신은 한 학기 전체의 기말 리포트를 단 며칠 만에, 심지어 단 몇 시간 만에 쓰는 게 어떤 기분인지 알 것이다. 그러니 파킨슨의 법칙같이 멋진 심리학적 충고를 활용할 필요가 있다. 우리는 위에 나열된 질문들을 바탕으로 학습시간을 체계적으로 계획해야 한다. 그럼으로써 학습에 일관성과 지속성을 부여할 수 있기 때문이다. 나아가 학습에 조건을 걸고, 사회적 압박을 고려하여 학습시간을 압축하면 학습에 만반의 준비를 갖추는 셈이다. 내 친구인 심리학자이자 작가 벤저민 하디Benjamin Hardy는 『의지력은 먹히지 않는다Willpower Doesn't Work』라는 저서에서 압박의 자발적 설계가 '강제 효과Forcing function'를 지닌다고 밝혔다. 아크로요가acroyoga(요가와 에어로빅을 합한 운동)를 빠르게 배우고 싶은가? 지금으로부터 3개월 뒤에 아크로요가 고급반을 수강하도록 미리 수업료를 결제하라. 새로운 기술을 익히고 싶은가? 다음 분기에 바로 그 기술을 가르치는 워크숍을 맡겠다고 자원해보라. 이런 식으로 학습에 조건을 걸면 야심찬 공부 계획을 세울 동기가 마련된다. 그리고 실제로 지속적인 학습을 하게될 것이다.

학습 성과를 어떻게 측정하고 추적할 것인가? 현재의 학습이 제대로 된 방향으로 가고 있는지를 추적하려면 학습 성과에 대한 확실한 측정 기준을 세워야 한다. 이 때문에 나는 수강생들에게 자주 'S.M.A.R.T'라는 학습 목표의 개념에 대해 가르친다. 즉, 가장 효율적인 학습 목표는 구체적이고Specific, 측정가능하며Measurable, 야심차고Ambitious, 현실적이며Realistic, 구체적 시간을 기반으로 한

모든 공부에는 준비가 필요하다

다Time-based는 것이다.

'왜 S.M.A.R.T가 다른 학습 목표 측정 기준보다 더 효율적이지?' 궁금할 것이다. 만약 당신의 목표가 '엑셀 활용 능력 향상'이라 해 보자. 사실 이런 두루뭉술한 목표로는 성과를 측정하기가 힘들다. 따라서 학습을 중도 포기하거나 아주 적은 노력만 들일지도 모른다. 하지만 그 목표가 만약 '12월 31일까지 피벗 테이블과 매크로를 포함한 엑셀의 여섯 기능을 마스터하기'라면? 아주 다른 상황이 될 것이다. S.M.A.R.T의 개념을 염두에 두면 자신의 학습 과정을 제대로 모니터할 수 있다. 또한, 측정만으로도 성과는 개선될 수 있지만, 측정 내용이 보고까지 된다면 학습 성과는 일취월장할 수 있음을 기억하라.

학습이 계획했던 대로 진행되지 않는다면? 위에서 살펴본 질문들이 당신에게 진취적이고 야심찬 학습 목표를 세우도록 도전장을 내밀었을 것이다. 완벽한 세상에서라면 당신은 원하는 모든 성취를 이룰 수 있을 것이다. 그것도 매번 기록적으로 짧은 시간 안에. 하지만 실제로는 목표가 원대할수록 실패할 가능성이 많다. 게다가 우리는 모두 때론 실수를 하는 존재가 아닌가. 아무리 긍정적이라도 자신이 세운 최고의 학습 계획이 무너지는 걸 보는 것만큼 큰 좌절이 있을까. 이러한 좌절의 시간에는 한없이 처지기 쉽다. 또, 스스로를 자책하거나 아예 공부를 포기할지도 모른다. 이 때문에 최고의 학습 관리자들은 이런 간헐적인 실패를 미리 예상해둔다.

학습 과정에서 뒤처지거나 특정 부분에서 막힌다면 어떻게 할 것인가? 어떻게 다시 학습 궤도에 오를 것인가? 또, 작은 실수 하나가 학습을 완전히 포기하게 만드는 걸(심리학자들은 이를 '될 대로 되라 효과what-the-hell effect'라 칭한다) 어떻게 방지할 것인가? 그 답은 여러 가지일 수 있다. 과외선생을 구해서 수업을 받거나, 주말에 학습시간을 보충할 수도 있고, 학습 스케줄을 조정해 휴식시간을 좀 가질 수도 있다. 불가피하게 학습 궤도에서 탈피할 때를 대비해 미리 계획을 세워둔다면 그 폐해를 최소화할 수 있다. 그리고 시간 낭비도 훨씬 줄게 될 것이다.

지금까지 살펴본 아홉 개의 질문을 제대로만 활용하면 학습을 잘 준비할 수 있다. 여하튼 이제 당신은 왜 앞서 생각해야 하고, 체계적이고 성공적인 학습 계획을 짜는 것이 전혀 시간 낭비가 아닌지를 이해하게 되었을 것이다. 실제로 1분을 더 준비하면 한 시간 이상의 노력을 아낄 수 있다. 그러므로 이제부터는 '배움'이

모든 공부에는 준비가 필요하다

라는 나무를 자르려거든 나무를 둘러싼 숲을 먼저 뚫어져라 쳐다보길 바란다. 그러고 나서 손에 든 도끼의 날을 날카롭게 가는 것이다.

6장

기억력을 열 배
증가시키는 비결

SUPERLEARNER

몇 년 전 나는 해리 로레인Harry Lorayne을 인터뷰하는 영광을 얻었다. 로레인은 현대적인 기억력 증진법의 대부와도 같은 인물이다. 《타임Time》지에서는 그를 '기억력 분야의 요다Yoda'라고 칭하기까지 했다.

1957년부터 해리 로레인은 슈퍼휴먼 기억력 기법을 재발견하는 선구자 역을 맡아왔다. 그는 빛나는 커리어 동안 '기억력과 마법'이라는 주제로 마흔 권이 넘는 책, 그리고 여러 기사들을 쓴 바 있다. 또한, 기억력 학교도 창설해서 여러 개인들 및 주요 기업의 회사원들을 코치하기도 했다. 이렇게 로레인은 수십 년간 세상의 스포트라이트를 받았다. 그가 가장 유명세를 탄 것은 과거에 〈에드

기억력을 열 배 증가시키는 비결

설리번 쇼〉와 조니 카슨Johnny Carson이 사회를 보는 〈투나잇 쇼〉에 십수 번 출연한 것이다. 이 토크쇼들에서 그는 정기적으로 1,500명에 달하는 방청객들의 이름을, 그것도 순서대로 정확히 외워내곤 했다.

그렇다면 왜 당신은 그의 이름을 들어본 적이 없을까?

나는 이에 대해 로레인에게 질문을 해봤다. 기억력 기법을 가르친 60년 동안 왜 일반 학교에 그의 기법이 도입될 수 없었느냐고. 그랬더니 그는 이렇게 답했다.

"내가 실수를 한 거지요. 교사들과 먼저 상담을 했거든요. 그랬더니 교사들이 다들 그럽디다. '우리는 기억력 같은 건 강조하지 않아요'라고."

로레인은 그중 한 일화를 풀어놓았다. 그가 교실에 들어갔는데, 벽에 주기율표 포스터가 붙어 있더란다. 그래서 그는 교사에게 '바보 같은' 질문을 해보았다.

"학교를 졸업한 지는 오래됐지만 아직도 벽에 주기율표 포스터가 붙어 있군요. 요즘도 그걸 가르치나요?"

"물론이죠."

교사는 답했다.

"그럼 시험도 치르나요?"

"그럼요."

다시 교사가 답했다.

"그럼 이 질문에 답해줄 수 있겠군요. 주기율표 시험에서 학생들이 빈칸을 채울 때 어떤 정신 체조mental calisthenics를 하지요?"

이 주제에 대해 로레인은 족히 10분 동안 대화를 이어나갔다. 그러자 교사는 결국 수줍게 "글쎄요, 그걸 학생들이 '외울' 필요가 있겠네요"라고 비로소 인정했다는 것이다.

바로 여기에 로레인이 주목받지 못한 원인이 있다.

로레인은 초창기 저서들에서 이런 글을 썼다. "기억력 없이는 학습도 없다." 그런데 문제는 기억력은 웬일인지 평판이 좋지 않다는 점이다. 오늘날의 교육자들도 학습이 '경험적'이어야 한다는 걸 다 잘 알고 있기 때문이다(물론 그다지 이를 교육에 훌륭히 반영하지는 않지만). 한마디로 교육은 흥미로워야 하며, 학습자의 선경험 및 지식을 활용해야 한다는 것이다. '기계적 암기'를 탈피하려는 노력에서 교육자 및 정책 입안자들은 정작 핵심적인 '기억력'도 함께 내팽개쳐버렸다. 특별히 필요한 곳을 제외하고는, '암기' 비스름한 것도 모조리 없애버린 것이다. 그러면서 기억력 기법이라는 매우 기초적이면서 매우 경험적이기도 한 학습법도 완전히 무시해버렸다.

기억력을 열 배 증가시키는 비결

그렇다고 오해하지는 말길 바란다. 당신이 배워야 하는 대부분의 것들에 기계적 암기가 효과적이라는 건 아니니까. 그럼에도 모든 기억력 관련 학습이 나쁜 건 아니다. 오히려 정반대다. 로레인이 수십 년 전 교육자들에게 호소한 바와 같이, 정보가 머릿속에 안전하게 저장돼있지 않은 이상 무언가를 안다고 하기 힘들다.

이는 우리의 전반적인 학습능력을 상승시키는 데 있어서 매우 중요한 시사점이다. 배우자마자 배운 것을 까먹어버린다면 학습 속도를 향상시킨들 무슨 소용이겠는가?

배우 우디 앨런의 이런 어록을 들어본 적이 있을지 모르겠다. "속독 강의를 듣고 나서 단 20분 만에 『전쟁과 평화War and Peace』를 다 읽었다니까. 러시아에 대한 내용이더군."

사실, 일반적인 속독 강의를 들으면 그 정도 수준의 이해만 하게 될 것이다.

그러므로 더 빨리 읽고, 더 빨리 기억하고 싶다면 기억력부터 증진하는 게 이치에 맞지 않겠는가?

나의 슈퍼러너 강의에서는 이에 대해서 정원용 호스, 깔때기, 양동이의 관계로 비유하곤 한다.

정원용 호스가 당신의 읽기 속도라고 상상해보자. 오디오북의
애청자라면 듣기 속도라고 가정해보라. 모든 게 정상적으로 작동
할 때는 호스가 정보를 깔때기 안으로 콸콸 쏟아 붓는다. 이때 깔
때기는 당신의 작업기억work memory(정보를 단기적으로 기억하여 이
해 및 조작할 때의 기억)이자 단기기억이다. 그러고 나면, 정보는 양
동이 안으로 흘러들어가게 된다. 양동이는 당신의 장기기억을 의
미한다. 이제, 정원용 호스를 소화용 호스로 바꾼다고 생각해보

기억력을 열 배 증가시키는 비결

라. 갑자기 잔잔했던 물줄기가 거세게 흘러넘치면서 깔때기를 즉시 산산조각 내버릴 것이다. 그러면 1초도 안 되어 양동이도 흘러넘치게 된다.

평범한 이틀짜리 속독 강의 코스의 가장 큰 문제점이 바로 이것이다. 기억력의 기반을 업그레이드 시키지 않고서는 그런 강의는 필패하게 돼 있다. 정보를 작업기억이나 단기기억에 남도록 입력시키는 방법을 모른다면 결국 그 정보를 오래 기억하기 힘들다. 더욱이, 입력하는 모든 정보를 저장하고 정리하려면 평범한 양동이로는 부족하다. 당신이 열망하는 모든 것을 배우고 기억하려면 양동이 대신 수영장이 필요한 것이다. 그리고 그 수영장을 관리하는 법도.

물론 지금부터 배울 기억력 기법으로 무장하더라도 간혹 수영장의 물이 손실 및 증발하는 건 불가피하다. 아무리 최신식 기억력 기법을 배워도 당신의 뇌는 자연적으로 '사용하지 않은unused' 정보를 잊어버리기 때문이다. 그래야 뇌가 원활히 작동할 수 있다. 결국, 당신의 뇌는 이론상 2.2페타바이트peta-byte의 용량을 지녔으니까.

뇌는 몸의 다른 부위에 비하자면 한마디로 엄청난 에너지 덩어리다. 전체 체질량의 겨우 2퍼센트에 불과한 뇌는 체내 산소 및 에너지의 약 20퍼센트를 소비한다.[5] 뇌 깊숙한 곳에는 두 개의 기억 중추인 해마 hippocampi가 존재한다. 해마의 주된 임무는 기억할 가치가 있는 것들을 파악하고, 나머지는 몽땅 지워버리는 일이다. 해마 덕분에 우리의 뇌는 놀랍도록 망각에 적응을 잘한다. 따라서 우리가 열쇠를 잊어버렸을 때 느낀 좌절의 주된 원인은 해마에서 찾아야 할 것이다.

한편, 인간의 뇌가 그토록 효율적인 이유도 바로 해마 때문이다. 당신의 뇌는 약 20와트 전력으로 작동한다. 이는 친환경적 CFL 전구의 전력에 약간 못 미치는 수준이다. 스탠포드대학교의 연구원인 크와베나 보아헨 Kwabena Boahen은 비슷한 처리 능력을 지닌 로봇이 적어도 10메가와트를 소비한다고 주장했다.[6] 10메가와트는 자그마치 1,000만 와트에 달한다. 이는 작은 수력발전소의 전력과 맞먹는 정도다. 뇌의 처리 능력을 정확히 측정할 수는 없겠지만, 이는 엄연한 사실이다. 우리의 뇌는 대단한 처리 능력을 지녔으며, 여태껏 제조된 최고의 마이크로프로세서들보다도 10만 배 더 효율적이라고 한다. 어떻게 이게 가능한지는 우주의 거대한 미스터리로 남아있다. 아마도 쓸모없는 정보를 잘 잊어버리는 기능이 큰 원인일 것이다. 앞으로 해마가 정보를 더 많이, 그리고 더 오래 저장하게 하는 꼼수 trick를 살펴보기로 하자.

기억력을 열 배 증가시키는 비결

이 모든 이야기가 꽤나 거창하게 들린다. 당신은 '나도 정말 기억력 기법을 쓸 수 있을까? 내 기억력은 항상 평균 이하였는데'라고 자문할지 모른다. 쓸데없는 걱정이다. 머리에 뭔가 무거운 걸 떨어뜨렸거나 희귀한 뇌질환을 앓는 게 아니라면 '평균 이하의 기억력'이란 건 없다. 지난 5년간 나는 세계 및 미국 기억력 챔피언 여러 명과 인터뷰를 나눴다. 그중에는 미국 기억력 챔피언 타이틀을 네 번이나 거머쥔 넬슨 델리스Nelson Dellis, 스웨덴 기억력 챔피언인 마티아스 리빙Mattias Ribbing, 세계 기억력 챔피언인 마크 섀넌Mark Chanon 등도 있었다. 그런데 이들 중 단 한 명도 '평균 이상의 기억력'을 가진 이는 없었다. 그중 한 명인 조슈아 포어Joshua Foer는 기억력 게임의 회의적인 청중에 불과했는데, 단 1년의 훈련만으로 세계 챔피언에까지 올랐다. 그 후 그는 자신의 여정을 기록한 『아인슈타인과 문워킹을Moonwalking with Einstein』이라는 책을 출간했고, 이는 베스트셀러에 올랐다. 그런데 가장 흥미로운 점이 뭔지 아는가? 포어가 2006년에 세운, 트럼프 카드 한 질을 85초 만에 외우는 기록이 2018년 말경에는 600위 안에도 채 못 드는 기록이 됐다는 점이다(중국의 주 루지앙Zou Lujian Igm이 2017년에 같은 업적을 단 13.96초 만에 끝냈다). 기억력 대회라는 스포츠 덕에 인간 뇌는 계속 한계에 도전 중이다. 이러한 기억력 대회의 핵심은 다음과 같은 기술을 알고 갈고닦는 데 있다.

여기서 이런 기억력 기법으로 크게 성공한 이들은 어느 정도 유전적 이점을 지니지 않았을까 하는 의문도 생긴다. 마이클 펠프스가 그렇게 많은 금메달을 딴 것도 결국 그의 무시무시하게 긴 팔이 원인이었으니까 말이다. 기억력도 비슷하지 않을까?

그 답은 '아니다'이다. 2017년에 네덜란드의 라드바우드대학교 Radboud University에서는 바로 이런 점을 확인할 연구를 시행했다. 40일 동안 평균적인 기억력을 지닌 참가자들이 매일 30분간 기억력 기법을 연습했다. 이들은 모두 이전에 훈련을 받은 적이 없었다. 그런데 연구가 끝날 무렵 참가자들의 기억력은 평균 두 배가 증가해 있었다. 게다가 그로부터 4개월 뒤에도 같은 결과를 재현해냈다. 그동안 전혀 추가로 훈련받지 않았는데도 말이다. 한편, 또 다른 연구에서 연구원들은 fMRI(자기공명영상)를 이용해 기억력 챔피언 다섯 명의 뇌를 평범한 이들의 뇌와 비교해보았다. 마치 운동선수의 몸과 일반인의 몸의 차이처럼 두 집단의 뇌 구조에 두드러진 차이가 나타나길 예상한 것이다. 하지만 연구원들은 결과를 받아보고 놀라지 않을 수 없었다. 두 집단의 뇌라는 하드웨어는 정확히 같았기 때문이었다. 그러니, 기억력 선수memory athletes들은 그저 뇌를 다르게 사용하고 있었을 뿐이다.

그렇다면, 기억력 기법은 정확히 어떻게 하는 것일까?

우선은, 시각적 기억visual memory을 마스터해야 한다.

앞서 언급한 구석기시대의 우리 선조들을 떠올려보자. 우리도 개개인이 모두 타고난 시각적 기억력을 지니고 있다. 지금까지 당신은 스스로를 청각적 학습자auditory learner로 여겼는지도 모른다. 이해는 간다. 십수년간 기계적 암기를 하면서 선생님들의 수업을 경청해왔으니까. 그래서 고등학교에 이르면 타고난 시각적 기억력의 적성은 사그라지는 것이다. 혹시 '사진적 기억photographic memory(사진처럼 정확한 기억)'능력 갖기를 꿈꿔본 적 있는가? 좋은 소식은, 당신은 이미 사진적 기억능력을 갖고 있다는 것이다. 다만 아직 그 스위치를 켜지 못했을 뿐이다. 일단 스위치가 켜지면 마음속의 그림mental picture을 창조해 훨씬 더 잘, 더 빨리 기억될 것이다. 연구에 따르면, 우리의 뇌는 이미지를 인식하는 데 적게는 13밀리초가 걸린다고 한다. 즉, 0.013초이다. 나는 학생들에게 강의를 할 때 이렇게 말한다. "마음을 업그레이드하는 것은 마치 여러분의 자동차 엔진을 가솔린에서 전기로 바꾸는 것과 같아요." 말하자면, 완전히 다른 수단의 차를 타고 다니는 셈이다. 그러니 익숙해지는 데 상당한 시간이 걸릴 것이다. 하지만 결국 전기엔진은 더 빠르고, 더 안전하며, 훨씬 효율적이지 않은가.

이런 이유로 시각적 기억력이 단순 암기보다(혹은 과거에 배운 그 어떤 기억력 기법보다) 훨씬 더 우월함을 증명하는 연구가 점점 더 늘어나고 있다. 연구원들이 시각적 기억력을 "그림 우월성 효과"라고 칭한 것도 무리가 아니다. 그렇기에, 모든 기억력 챔피언들이 지금부터 내가 설명할 기억력 기법을 사용하는 것이다.

시각화가 얼마나 강력한 수단인지를 이해했으니 이제 그 비법을 익힐 차례다. 준비되었는가?

기억력을 열 배로 늘리고 싶다면 외우고 싶은 모든 대상에 '마커 markers'라고 불리는 새로운 시각화를 적용해보라.

지금 내가 한 말 그대로다. 기억력을 몇 배로 증진시키는 '위대한 비법'의 핵심은 바로 그림을 머릿속으로 상상하는 것이다.

조금은 김이 샐지도 모르겠다. 하지만 정말로 '그림을 머릿속으로 상상하기'가 비법의 반 이상을 차지한다.

처음에는 그림을 머릿속으로 상상하는 것이 힘들다. 외우는 대상에 '마커'를 적용한다는 것은 매우 창의적인 노력이 필요하기 때문이다. 우리 대부분은 수년간이나 창의력을 키워오지 않았으니 더욱더 그렇다. 다행히, 연구에 따르면 창의력을 지닌 이가 따로 있는 것은 아니다. 창의력은 그저 훈련의 대상이며, 당신도 매우 빨리 익힐 수 있다. 시각화를 반복해서 연습하기만 하면 점점 더

기억력을 열 배 증가시키는 비결

창의적인 시각화를 할 수 있게 된다. 그 과정도 훨씬 빠르고 쉽게 될 것이다.

　그렇다면 어떤 종류의 시각화 마커들을 적용해야 할까?

　상상 가능하듯, 모든 시각화 과정이 동일하게 창조되는 것은 아니다. 하지만 일반적으로 당신이 적용해야 할 마커들은 다음과 같은 규칙을 따른다.

구체적으로 시각화하라

⋮

　우선, 가능한 한 구체적인 그림을 그려라. 고도의 디테일을 창조함으로써 마음의 눈으로 생생하고 기억될 만한 시각화를 하는 것이다. 두루뭉술하고 구체적이지 않은 이미지는 잊어버리기 훨씬 쉽다. 게다가, 평범한 사람의 작업기억은 한 번에 대여섯 개의 아이템만 기억할 수 있음을 명심하라. 즉, 정보를 3~5개의 아이템으로 구성된 '청크chunk'로 분해시키는 게 기억하기에 본질적으로 수월하다는 얘기다. 그래서 전화번호나 신용카드번호가 그런 형식으로 구성되는 것이다. 앞으로 볼 예시를 통해 알게 되겠지만, 우리가 사용할 마커에 삽입되는 모든 디테일은 새로운 정보를 나타낸다.

이런 식으로 정보를 효과적으로 '청크화'한다. 즉, 3~5개의 아이템을 기억하는 대신 하나의 기억하기 쉬운 시각화로 압축하는 것이다. 우습게 들릴 수도 있겠지만, 사실 이 방법은 매우 강력한 비법이다. 가장 높은 수준의 기억력 대회에서는 여러 개의 카드 및 숫자를 하나의 시각적 마커로 어떻게 청크화하는지에 따라 승패가 갈린다. 매년, 대회의 참가자들은 새롭고 복잡한 청크화 방법을 설계한다. 그래서 더 적은 수의 마커에 더 많은 디테일을 집어넣으려고 하는 것이다.

특이한 대상을 시각화하라

⋮

얼굴이 다소 붉혀지더라도 가능한 한 시각화에 터무니없고, 특이하며, 폭력적이거나 성적인 이미지를 추가해야 한다. 우리의 뇌는 새로운 것을 갈망한다. 뇌의 해마는 우리 눈에 특이하게 보이는 것을 선택해서 기억하는 데 길들여져 있다. 이를 바로 '기괴함효과 bizarreness effect'라고 부른다. 그래서 우리는 이런 류의 시각화를 혼자만 간직하려는 것이다. 기억법에 있어서는 더 특이할수록 더 잘 기억하는 경향이 있다.

기억력을 열 배 증가시키는 비결

선지식을 활용하라

:

시각화의 마커를 개발하는 데 있어서 그다음으로 중요한 원칙은 바로 우리의 좋은 친구 녹스 박사의 이론에서 나온다. 이미 당신이 지닌 이미지와 아이디어, 기억을 활용해야 한다는 것이다. 연구에 따르면, 우리의 뇌는 이미 알고, 신경 쓰는 것들과 관련된 정보에 특별한 관심을 기울인다. 이것이 바로 '헵스의 법칙Hebb's Law'의 근간이 되는 이론이다. '헵스의 법칙'은 "동시에 발화되는 뉴런들은 서로 이어져 있다"라는 문장으로 요약된다. 따라서 새로운 정보와 당신의 선지식 간의 연결고리를 만듦으로써 이미 지니고 있던 사람, 장소, 사물에 대한 신경망를 활용하는 것이다. 그렇게 하면 한층 더 강하고, 더 밀집된 '시냅스 연결'이 형성되어, 해마로 하여금 대상이 실제보다 더 중요하다고 믿게 한다.

재연결하라

:

마지막으로, 시각화를 창조할 때 당신이 기억하려는 대상에 대한 논리적인 연결고리를 만들어야 한다. 만약 당신이 특정 시각화의 마커가 무엇을 뜻하는지를 기억하지 못한다면 소용이 없기 때문이다. 따라서 당신이 기억하려는 정보를 명확하게 상징하는 마커를 택하는 게 중요하다. 다음의 예에서 보겠지만, 각각의 시각화는 당신이 학습 및 기억하려는 정보를 설명하는 요소를 지녀야 한다.

 이제 이론은 접어두고 현실에서 시각화를 하는 방법을 살펴보기로 하자.

 우선, 누군가의 이름을 외운다고 상상해보자. 사실, 나의 강의를 들으러 오는 학생들이 현실에서 가장 자주 마주하는 한 가지 도전과제가 바로 다른 사람의 얼굴과 이름을 외우는 것이다. 그럴 만도 하다. 타인의 이름을 잊어버리는 게 얼마나 무안한 일인지 우리 모두 다 알지 않는가.

 당신이 마이크Mike라는 사내를 만났다고 해보자. 시각화의 편의를 위해 그 사내의 이름이 마이크 타이슨이라고 가정하자. 그리고 놀랍게도 당신은 마이크 타이슨이라는 이름을 처음 들어봤다. 당신은 마이크에게 다가가서 그의 아플 정도로 센 손과 악수를 했다. 이제, 찰나의 시간 동안 마커를 창조하기 바란다. 이 마커에서 마이크가 노래방 마이크를 손에 들고 무대 위에서 음치처럼 노래

기억력을 열 배 증가시키는 비결

를 부르는 장면을 상상해보라.

마이크가 마이크를 쥔 모습. 이해가 가는가?

한번 시도해보라. 정말로, 지금 잠시 멈춰서 한번 시도해보는 것이다.

원한다면 눈을 감아도 좋다. 하지만 정말로 생생한 시각화로 마이크가 음 이탈된 노래를 부르는 모습이 선명히 보일 때까지 다음 문장을 읽지 않기 바란다. 예를 들면, 얼굴의 문신이나 혀 짧은 목소리 등 구체적인 모습을 그리는 것이다.

'선명히'라는 말이 나와서 말이지만, 나도 설명을 더 명확히 할 필요가 있어 보인다. 시각화란 눈앞의 이미지를 환각처럼 떠올리는 것이 아니다. 혹은 눈으로 볼 것을 '마음의 눈'으로 대신 보는 것도 아니다. 마음의 눈으로 보는 것은 실제 눈으로 직접 보는 것보다 언제나 덜 선명하다. 이건 아주 정상이다. 특정 마커에 대해서 묘사하고 다시 떠올릴 수 있을 정도만 되면 정말 잘 진행하고 있는 것이다.

이제 시각화에 성공했는가? 그렇다면, 최초의 마커를 창조한 것을 축하한다.

그러면, 또 다른 마커를 생성해보자. 마이크 타이슨과의 손이 바스러질 듯한 악수 후에 당신은 앨리스라는 이름의 다음 사람을 만났다. 마치 『이상한 나라의 앨리스』에서처럼, 그녀가 파란 드레스를 입고 토끼굴에 들어가는 토끼를 쫓는 모습을 그리는 것이다. 당신의 마커는 아마 이런 식의 이미지일 것이다.

지금까지의 두 시각화는 아마 성공적이었을 것이다. 왜냐하면 두 마커 모두 우리의 선지식과 마음속의 이미지를 바탕으로 생성된 것이기 때문이다. 이 비슷한 성과를 내는 시각화는 바로 우리가 이미 알고 있는 사람들을 활용하는 것이다. 예를 들어, 제나 Jenna라는 새로운 인물을 만났다고 가정해보자. 이 제나가 당신의 어린 시절 친구인 또 다른 제나와 마구 다투는 장면을 상상해보라. 너무 단순하게 들리겠지만, 나를 믿어보길 바란다. 이런 식으로 시각화를 하면 이름을 외우는 건 상당히 쉬워진다.

기억력을 열 배 증가시키는 비결

'이런 시각화를 써먹을 다른 데가 있을까?'라는 의문이 들지도 모르겠다. 하지만 더 적합한 질문은 '이런 시각화를 써먹지 못할 곳이 있을까?'이다. 그리고 그 답은 '거의 없다'이다.

　대부분의 학습자들에게 외국어 단어는 끊임없는 좌절의 원천이 되곤 한다. 어디서부터 시작해야 할까? 어떻게 전혀 새롭고 낯설게 들리는 말들을 기억할 수 있을까? 게다가 가장 난감한 것은 외국어 단어처럼 아주 청각적인 대상을 어떻게 시각화의 마커로 전환시키느냐이다. 그 답은 간단하다. 시각화를 찾을 수 있을 때까지 단어를 분해하는 것이다. 예를 들어, '들어맞다'라는 뜻을 가진 스페인어 단어 '카베르caber'를 외우려고 하면 택시cab의 내부에 곰bear을 끼워 맞추는 시각화를 해보는 것이다.

이건 정말 완벽한 마커의 예이다. 우선 카베르는 '캡'과 '베어'의 소리로 구성되어 있다. 따라서 단어의 발음을 되짚기가 용이하다. 둘째로, 매우 우스꽝스럽기 때문이다. 택시 창문 밖으로 곰이 매달려 있는 것을 본다면, 아마 그 모습이 잘 기억날 것이다. 그렇지 않겠는가? 이 마커가 굉장히 절묘한 이유는 단어의 뜻인 '들어맞다'가 그대로 표현되기 때문이다. 내가 마커에 부차적인 정보를 넣기 위해 디테일을 잘 활용해야 한다고 했던 게 이런 뜻이다.

어떤 경우에는 외국어 단어에 딱 어울리는 음절을 찾는 게 까다롭다. 예를 들어, 러시아어로 '고마워요'를 뜻하는 'Спасибо'는 발음이 '스파시바'이다. 이 경우에는 좀 더 창의적이 돼야 한다. 예를 들어, 당신이 모스크바의 붉은 광장에 인접한 한 중국음식점 안에 있다고 상상해보라. 배경으로는 웅장한 성 베드로 대성당이 당신을 내려다보고 있다. 이제, 식당의 웨이터가 당신에게 스파이시 번spicy bun을 하나 건넨다. 입맛을 자극하는 빨간 고추가 덮인, 김이 모락모락 나는 빵이다. 그런데 놀랍게도 웨이터가 이 빵은 식당에서 공짜로 주는 것이란다. 감사하기 위해서 뭐라고 말해야 할까? 바로 'Спасибо'이다. 물론 완벽한 매치는 아니다. 하지만 기억하기 무척 쉽지 않은가.

재미있는 사실은, 더 많은 언어들을 구사할수록 이런 식의 외국

기억력을 열 배 증가시키는 비결

어 단어 습득이 더 쉽다는 점이다. 오직 영어만 할 줄 아는 이는 '바Bah'라는 음절에 대한 정확한 시각화를 하기 힘들 수 있다. 따라서 위 문단에서처럼 근접한 매치를 찾아내야 한다. 이에 비해 아랍어, 중국어, 히브리어, 일본어를 할 줄 아는 사람들에게는 식은 죽 먹기일 것이다. 이런 언어들에서는 '바'가 정확히 그 언어의 단어로 존재하기 때문이다.

그렇다면 숫자는 어떻게 해야 할까? 전화번호 같은 것을 어떻게 시각화할 수 있을까? 적절한 체계만 사용한다면 숫자의 시각화도 쉬운 문제다. '메이저 방식Major Method'이라는 기억법을 한 시간 정도만 익히면 된다. 메이저 방식이란 개별 숫자를 개별 자음으로 전환하는 방법이다.

이 체계를 익히고 나면 숫자로부터 단어를 창조할 수 있다. 그러면, 시각화를 이용해 비교적 쉽게 그 단어를 외울 수 있는 것이다. '메이저 방식'을 이용하면, 예를 들어 740-927-1415라는 전화번호를 '미친 핑크색 거북이Crazy Pink Turtle'로 전환시킬 수 있다. 이 방식을 처음 접하더라도, 이는 매우 시각화하기 쉽고, 따라서 기억하기도 쉽다.

아직 믿기 힘들지 모르지만, 당신이 생각하는 어떤 대상에도 이런 식의 시각화가 가능하다. 카드 한 질에 대해 이런 시각화를 하

숫자	소리(국제음성기호 (IPA) 기준)	흔히 연관되는 글자
0	/s/, /z/	s, 부드러운 c, z, x(실로폰(xylophone)의 x)
1	/t/, /d/(/θ/, /ð/)	t, d, th
2	/n/	n
3	/m/	m
4	/r/	r, l
5	/l/	l
6	/tʃ/, /dʒ/, /ʃ/, /ʒ/	ch, j, 부드러운 g, sh, c(첼로(cello)와 특별한(special)의 c), cz, s(티슈(tissue)와 비전(vision)의 s), sc(파시스트(fascist)의 sc), sch(피하다(eschew)의 sch), t(등식(equation)의 t), tsch(쿠테타 정부(putsch)의 sch), z(압수(seizure)의 z)
7	/k/, /g/	k, 거센 c, q, ch(로크(loch)의 ch), 거센 g
8	/f/, /v/	f, ph(전화(phone)에서의 ph), v, gh(웃음(laugh)에서의 gh)
9	/p/, /b/	p, b, gh(딸꾹질(hiccup)의 gh)
지정되지 않음	/h/, /j/, /w/, 모음	h, y, w, a, e, I, o, u, 묵음, c(패킷(packet)의 c), d, j(할렐루야(Hallelujah)와 할라페뇨(jalapeno)의 j), ll(토티야(totilla에서의 ll), p(사파이어(sapphire)에서의 첫 번째 p), t(매치(match)에서의 t), 대부분 맥락에서의 합자(doubled letters) 중 한 글자
2, 27 혹은 7	/ŋ/	ng, k 앞의 n, 거센 c, q, 거센 g 혹은 x

기억력을 열 배 증가시키는 비결

고, 그 순서까지 외울 수 있다. 또, 음악이론이나 노래의 코드 순서도 이런 식으로 외운다. 특정 지역의 지리도 외울 수 있고, 심지어 그 지역의 역사를 날짜와 사건명까지 몽땅 다 외우기도 한다. 이런 종류의 창의적인 시각적 마커를 만들어서 과학 공식까지도 외울 수 있다. 이처럼 가능성은 무한하다. 당신에게 필요한 건 오직 연습과 생생한 상상력뿐이다.

하지만 명심할 게 있다. 이 기법은 당신이 실제로 사용할 때만 효과가 있다는 것이다. 따라서 오늘부터 당신이 기억하기 원하는 모든 대상에 이를 활용해보길 바란다. 지금부터는 이런 방식으로 대상을 외우는 것이다. 처음에는 속도가 느릴 수 있지만 말이다. 예를 들어, 새로운 누군가를 만나면 그 즉시 마커를 만들어본다. 만약 새로운 신용카드를 발급받으면 그 번호를 마커를 활용해 외워보라. 또, 흥미로운 블로그 포스팅을 보면 잠시 멈춰 마커를 만들어보는 것이다. 당신에게 중요한 모든 것을 시각화하는 걸 습관화하기를 권한다.

또 하나 알아둘 것은, 이 기법을 사용하지 않을 이유는 없다는 점이다. 이 기법은 남녀노소 누구에게나 효과가 있음이 과학적으로 증명되었기 때문이다. 다만 연습이 필요할 뿐이다. 그리고 자신감 있게 당신의 상상력을 적극 활용하라.

일단 그렇게 하는 데 성공하면 이 간단한 기법, 즉 기억하려는 모든 걸 시각화하는 기법이 당신의 학습에 큰 진전을 가져다줄 것이다. 사실, 내가 앞서 언급한 해리 로레인과의 인터뷰에서 그는 내게 커리어 내내 오직 이 기법만 사용했다고 밝혔다. 다른 무엇도 아닌 이 기법만. 상상해보라. 생방송 TV쇼에서 1,500명이나 되는 사람들의 이름을 완벽한 기억력으로 외워내는 모습을.

놀랍고 믿기 힘든 성취가 아닌가. 그야말로 슈퍼휴먼의 업적이 아닐 수 없다.

하지만 이 놀라운 기법도 다음 장에서 배울 학습법에는 미치지 못할 것이다. 다음 장에서 배울 기법을 나는 '핵 연상 기법mnemonic nuclear option'이라고 칭하겠다.

기억력을 열 배 증가시키는 비결

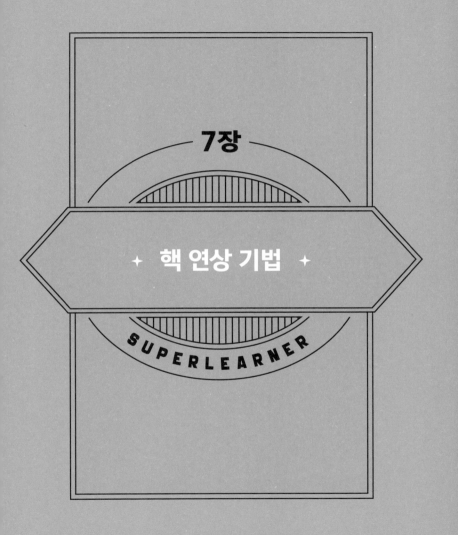

7장

핵 연상 기법

SUPERLEARNER

이번 기법을 연습하기에 앞서 편안한 자세로 앉아 편안한 마음으로 심호흡을 깊게 해보자. 조금은 특이한 경험이 될 테지만, 마음을 열고 나를 믿어보라.

첫째로, 당신의 어린 시절 방문 앞에 서서 방 안을 들여다본다고 상상해보길 바란다. 잦은 이사로 그 방에서 몇 년을 채 못 지냈을 수도 있다. 또, 그 방을 지난 몇 십 년간 가보지 못했을 수도 있다. 상관없다. 마음의 눈으로 과거로 시간여행을 떠나보자. 그리고 자신이 그 방의 문 앞에 서 있는 모습을 상상하는 것이다.

다음으로, 상상 속에서 오른쪽으로 몸을 돌려 방 안의 첫 코너로 이동해보자. 무엇이 보이는가? 책상인가? 아니면 옷장인가? 어쩌면 침대일지도 모른다. 처음 마주하는 가구가 무엇이든 이제 그 위에 해마가 두 마리 있다고 상상해보자. 평범한 해마들은 아니다. 이 해마들은 부끄러움도 없이 마치 내셔널 지오그래픽에서 갓 튀어나온 모양새로 진한 짝짓기에 길게 몰두하고 있다. 어쩐지 찝 찝한 느낌이다. 이제 이 문란한 해마들이 진공청소기에 흡입되어 사라지는 모습을 상상해보자.

지금까지 반신반의한 느낌일 수도 있다. 그러나 믿음을 갖고 한 번 해보라. 새로 전환된 당신의 '전기기억all-electric memory(신경세포 다발의 공동적인 전기 활동을 통해 연결성을 얻는 기억)'을 사용해 위 의 장면을 시각화해보는 것이다. 바로 어린 시절 친숙했던 가구 위의 장면을.

눈앞에 그려지는가?

아주 잘했다. 이제 그 이미지를 당신의 머리에서 지워내기란 쉽 지 않을 것이다.

방 주위를 계속해서 시계방향으로 돌아보자. 당신은 다음 코너 에 도착했다. 두 번째 코너에는 입맛을 돋우는 피넛버터 한 병이 놓여 있다고 상상하라. 두 번째 코너에 책상이 있다면, 피넛버터 병이 책상 위에 놓여 있다고 상상하면 된다. 만약 아무 가구도 없 다면, 조금 역겹겠지만 누군가가 덩어리진 피넛버터를 벽에 뭉개

놓았다고 상상하라.

다음으로, 당신은 세 번째 코너에 도착했다. 이번에는 지저분하게 얽힌 커다란 전선 한 뭉치를 시각화해보자. 어쩐지 집 안 서랍 어딘가에서 본 것만 같은 그런 전선 뭉치다. 이 세 번째 코너에서 그런 전선 뭉치를 디테일을 살려서 상상해보자. 예를 들어, 90년대의 핸드폰 충전기 전선이라든가, 망가진 아이폰 케이블이라든가. 하지만 당신은 이 전선을 아직 내다버리지 않았다. 구체적으로 상상할 필요가 있다. 전선 뭉치는 세 번째 코너에 온통 엉켜 있다. 혹은, 코너에 크리스마스 전등 같은 장식이 있다면 그 전등에 마구 엉켜 있다. 또 옷장이라면 옷걸이들에 마구 엉켜 있다. 그래서 난잡한 모양새가 되었다.

계속 집중하고 있는가?

좋다, 그럼 방의 네 번째 코너로 이동하자. 이 코너에는 사진 혹은 그림이 하나 걸려 있다고 상상해보자. 아무 사진이 아니라 당신이 가장 좋아하는 역사 속의 한 장면이다. 예를 들면, 당신이 역사수업 시간에 보고 '와, 저 때 저 장면을 직접 봤다면 좋았을 텐데!'라고 생각한 장면이다. 나에게는 그런 장면이 1968년 올림픽 때 운동선수들이 모여 항의하는 장면이다. 당신에게는 그게 천안문 광장의 탱크 사진일 수도 있고, 여배우 마릴린 먼로의 유명한

핵 연상 기법

사진일 수도 있다. 아무 사진이나 괜찮다. 당신 방의 네 번째 코너에 바로 그 사진이 걸려 있는 것이다.

눈앞에 그려지는가?

만약 당신이 포스트모던 풍의 고급 주택에서 자란 게 아니라면 지금쯤이면 방문으로 돌아 나올 때가 되었다. 다시 방문으로 돌아왔다면, 마지막으로 시각화를 한번 더 창조하길 바란다. 문밖으로 나가려는 당신 앞에 거대한 '위치표시'가 놓여 있다고 상상해보자. 구글맵에 나오는 것 같은 표시 말이다. 그런데 이 표시 때문에 당신의 나가는 길이 가로막혀 있다. 생생하게 떠올려보라. 표시가 너무 큰 나머지 당신이 방을 탈출하려면 표시 밑으로 가까스로 몸을 밀어 넣어야 한다고.

마음의 눈으로 모든 시각화에 성공했는가? 그러면 다시 하나씩 되짚어보자.

첫 번째 코너에는 짝짓기에 열중인 해마 두 마리가 진공청소기에 흡입되는 모습이 있다.

두 번째 코너에는 덩어리진 피넛버터가 잔뜩 있다.

세 번째 코너에는 마구 엉킨 전선 뭉치가 있다.

네 번째 코너에는 유명한 역사 사진이 있다.

마지막으로, 다시 돌아온 문 앞에는 커다란 위치표시가 당신을 가로막고 있다.

이 모든 시각화에 성공했다면 다시 한 번 축하한다. 당신은 방금 생애 최초로 '기억의 궁전memory palace'을 창조했다. 뿐만 아니라 그 작동법의 핵심 요소를 외우기까지 했다.

'기억의 궁전' 혹은 '장소법method of loci'이라 불리는 이 기억법은 엄청난 양의 정보를 빠르고 쉽게 암기하게 해주는 매우 효과적인 체계이다. 이는 무려 2,500년 전에 그리스의 시인 케오스의 시모니데스Simonides of Ceos에 의해 개발됐으며, 다음과 같은 몇 가지 특이점 때문에 더욱 존재감이 두드러진다.

우선, 다른 기법에 비해 기억의 궁전은 많은 양의 정보를 기억하게 해줄 뿐만 아니라 완벽한 순서대로 외우게 해준다. 실제로 기억의 궁전을 익히면 정보를 순서대로 혹은 역순서대로 암송하는 게 얼마나 쉬운지 깨닫게 될 것이다. 이 때문에 모든 기억력 대회 선수들과 입상자들은 이 기법을 어떻게든 응용해서 사용한다. 게다가 기억의 궁전은 누구나 쉽게 활용할 수 있다. 이 간단한 기법이 어떻게 평범한 이들을 기억력의 슈퍼휴먼으로 만드는지에 대한 연구는 오랜 세월 계속됐다. 기억의 궁전은 너무 강력한 기억법이라, 일부 역사가들은 이를 통해 호머를 포함한 그리스 철학자들의 저서가 구전으로 이어져왔을 것이라 주장하기도 한다. 심지어 성 아우구스티누스는 직접 그의 저서 『참회록』 제10권에 이 기억법에 대해 언급하기도 했다(하지만 안타깝게도 가톨릭교회는 시각화라는 음란한 개념을 배척했다. 그래서 이 기법의 열렬한 지지자였던 지오다노 브루노Giordano Bruno를 1600년에 화형시켜버렸다. 이 때문에 '기억의 궁전'은 대중적인 사용에서 멀어지게 되었다).

　다시 말해, 기억력 증진 분야에서 기억의 궁전은 논란의 여지없는 제1의 기법인 셈이다. 그렇다고 이 기법이 모든 대상에 다 적용되진 않는다. 기억의 궁전을 여러 이름이나 책의 중요 포인트를 외우는 데 쓸까? 아마 아닐 것이다. 그건 마치 학교의 일진을 수소폭탄을 터뜨려 겁주는 격일 테니까. 물론 효과는 있겠지만, 너무 과할 수 있다는 말이다. 그래서 나는 '기억의 궁전'을 '핵 연상 기법'이라 일컫고는 한다. 기억의 속도나 사용의 용이, 신뢰도에 있어서 이에 대적할 다른 기법이 없기 때문이다.

　'어떻게 기억법 하나가 그렇게 효과적일 수가 있겠어?' 하고 의문을 품을지 모른다. 하지만 이 기법에는 뇌과학적인 우연의 일치가 녹아들어 있다. 즉, 기억의 궁전을 제대로 사용하면 '기억 용이성memorability'의 모든 기준을 하나씩 다 충족시키기 때문이다.

　첫째로, 기억의 궁전은 우리에게 새롭고 특이한 시각화를 하게 한다. 이런 시각화는 뇌의 해마로 하여금 일반적으로는 잊어버릴 법한, 중요하지 않거나 관련이 없는 정보까지도 기억하게 만든다. 잠시, 앞서 당신이 그린 기억의 궁전으로 되돌아가보자. 부적절한 짝짓기를 하고 있던 해마 한 쌍이 기억나는가? 이 해마들은 뇌의 해마 두 개를 상징한다. 뇌의 해마 hippocampi는 다름 아닌 그리스어로 해마를 뜻하는 'ἱππόκαμπος'에서 따온 것이다. 뇌의 해마의 모양이 실제 해마 모양과 비슷한 데서 착안한 것이다. 그렇다면 진공청소기는 무엇을 뜻할까? 이는 해마의 역할을 기억하기 쉽게 한 장치이다. 해마의 역할이 바로 뇌에서 중요치 않거나 상관없는 정보를 깨끗이 청소해내는 것이기 때문이다.

둘째로, 기억의 궁전은 우리에게 정보를 '청크화'해서 좀 더 다루기 쉬운 유닛으로 전환하게 돕는다. 물론, 우리 마음대로 기억의 궁전 각 코너마다 더 많은 디테일을 첨가할 수도 있다. 예를 들어, 더 많은 해마와 청소기를 집어넣는 식으로 말이다. 하지만 이 기억법을 제대로 사용하면, 어쨌든 정보를 1~4개의 개별 유닛으로 세분화하게 된다. 한 코너에 그보다 더 많은 정보를 집어넣으면 헷갈리기 쉽기 때문이다. 이 '청크화'의 효과가 기억을 더 끈끈히 해준다는 걸 기억하게 하려고, '덩어리진chunky' 피넛버터가 벽에 달라붙은 모양을 시각화하라고 했던 것이다.

셋째로 기억의 궁전은 앞서 이미 배운 바 있는 '헵스의 법칙'을

핵 연상 기법

활용하게 한다. 기억의 궁전을 창조하면서 우리는 깊숙이 간직하고 있던 기억을 새로운 정보와 결합시킨다. 이 기억은 바로 우리에게 친숙한 장소다. 즉, 이미 지닌 기억과 새로운 지식이 강하게 결합되면서 기억 용이성이 극적으로 증가하는 것이다. 그렇다면, 세 번째 코너의 그 오래된, 지저분하게 얽힌 전선 뭉치는 무엇을 뜻할까? 추측했을지 모르지만, 바로 뉴런과 시냅스가 서로 뒤엉켜 있는 모습을 뜻한다. 새로운 시냅스 및 뉴런이 과거의 시냅스 및 뉴런과 뒤엉키면 둘을 떼어놓기 더 힘들어진다. 그러면 정보를 잊기 더 어려워진다.

넷째로, 기억의 궁전을 통해 우리는 더욱 정직해질 수 있다. 외우고 싶은 대상을 만날 때 간혹 새로운 시각적 마커를 창조하는 걸 깜빡할 수 있다. 하지만 기억의 궁전이 있다면 그런 걱정은 필요없다. 기억의 궁전을 창조하기 위해서는 각 코너에 충분한 디테일을 살려 시각화를 해야만 하기 때문이다. 그럼으로써 '그림 우월성 효과'를 십분 활용하는 것이다. 이 때문에 나는 당신의 기억의 궁전 네 번째 코너에 역사 사진이나 그림을 걸어놓으라고 한 것이다. 이때 역사 사진이나 그림은 선지식을 상징한다.

마지막으로, 기억의 궁전은 우리의 뇌 깊숙이 내재된 또 하나의 진화적 능력을 활용하게 한다. 바로 '공간 기억력 spatial memory'이다.

앞서 3장에서 살펴봤듯, 구석기시대 선조들은 환경을 탐험하는 능력 덕분에 생존할 수 있었다. 따라서 우리가 의식하지는 못하지만, 우리의 뇌는 자동적으로 주위 환경의 배치를 기억한다. 당신이 수년간 살았던 집이든 며칠간 머물렀던 호텔방이든 상관없다. 심지어 단 몇 분간 발을 들여놨던 가게라도 괜찮다. 평소에 우리는 사람들의 이름이나 숫자, 혹은 매일의 중요한 정보들을 기억하느라 애를 먹는다. 하지만 우리의 뇌는 우리가 다닌 모든 장소들에 대한 지속성 있는, 강한 기억들을 끊임없이 창조한다. 따라서 당신이 살았던 모든 아파트와 걸어 들어간 모든 사무실, 그리고 그 외 잠시 지나쳐간 장소들을 당신의 뇌는 기억한다.

그로부터 얻는 결과는 뭘까?

결과적으로 당신은 머릿속에 수백 개, 심지어 수천 개의 기억의 궁전을 이미 지니고 있다는 것이다. 다만 사용되지 않은 채 휴면 중이지만.

새로운 장소가 자동적으로 기억되는 걸 막기는 힘들다. 잊으려 노력해도 소용없다. 쥐를 대상으로 한 2017년의 한 연구를 살펴보자. 연구원들은 사람들이 새로운 감각자극sensory stimuli을 지닌 장소에 들어가면 그에 대한 반응으로 뇌간의 작은 부분인 청반locus coeruleus이 활성화되는 것을 발견했다.[7] 그러면 해마의 CA3 영역으로 도파민이 휩쓸려 들어가고, 결국 해마로 하여금 장소의 구체적인 기억을 저장하게 만드는 것이다. 현재, 연구원들은 이런 CA3 영역으로의 도파민 유입이 시냅스의 힘을 강화하고, 새로운 장소에 대한 기억을 형성하게 한다고 믿고 있다. 흥미로운 사실은 연구원들이 이런 반응은 다른 기억에서는 촉발이 되지 않는다고 밝힌 점이다. 오직 새로운 환경을 기억하는 공간기억에서만 특별히 나타난다는 것이다. 한마디로, 기억의 궁전이 왜 그렇게 효과가 좋은지를 드디어 연구에서 밝혀준 셈이다. 즉, 장소와 관련된 뇌 부위가 활성화될 때 뇌화학적neurochemical 변화가 일어나는 게 핵심이다. 한편, 2014년 다트머스대학교와 노스캐롤라이나대학교의 연구에서는 후두엽 피질retrosplenial cortex이라는, 거의 알려진 바 없는 뇌 부위에 집중했다. 연구팀의 목표는 더욱 대담한 가설을 증명하는 것이었다. 연구팀은 인간의 기억 자체가 뇌에서 장소를 담당하는 부위와 불가분하게 연관되어 있다고 주장했다.

실제로 이런 가설은 완벽히 이치에 맞는다. 과거의 기억할 만한 사건들을 한번 되돌아보라. 예를 들어 케네디 암살이나 9/11 테러 같은 사건 말이다. 우리가 이에 대해 타인과 대화할 때 가장 먼저 묻는 건 "그때 무슨 채널 보고 있었어?"가 아니다. 대신, "처음 그 소식을 들었을 때 어디에 있었어?"이다.

이처럼 위치 및 장소는 새로운 기억을 창조하는 데 무척 강력한 '고정점anchoring point' 역할을 한다. 이 때문에 당신의 기억의 궁전에 내가 거대한 위치표시로 방의 출구를 막아두라고 했던 것이다. 문 앞에 안전히 놓인 위치표시는 노력 없이도 장소를 외우는 뇌의 능력을 상징하는 마커였다.

그럼, 이제 이런 위치 및 장소를 어떻게 활용하는지를 알아볼 차례다.

기억의 궁전을 짓기 위해서는 우선 몇 가지가 필요하다. 그중 가장 중요한 것은 당연히 적당한 장소이다. 사실 아무 장소나 상관없다. 당신이 과거에 살았던 집이나 사무실 건물, 심지어 무심코 들어가본 가게 안까지도 괜찮다. 이제, 앞서 5장에서 살펴본 학습 준비에 대해 기억해보길 바란다. 우선, 어떤 정보를 배워야 할지 결정하는 데 있어 신중히 미리 생각해보라. 어떤 순서대로 배울 것이며, 정보에 어떻게 접근할 것인가도. 이 단계만으로 무언가를 잘못된 순서로 외우는 번거로움으로부터 벗어날 수 있다. 잘못된 순서로 배우면 영원히 그 단계에 머물게 될지도 모른다. 아이러니하게도 기억의 궁전의 가장 큰 '부작용'은 짜증이 날 정도로 효과적이라는 점이다. 연설을 암기할 경우 나중에 핵심 포인트의 순서를 바꾸려 해도 좋든 싫든 처음에 외운 대로 외우게 될 것이다.

핵 연상 기법

나도 TEDx 연설을 기억의 궁전을 이용해서 외웠다. 우선, 나는 연설을 어떻게 논리적으로 배치할 것인지를 고심하는 데 몇 분을 썼다. 몇 문단이 필요할까? 화제를 전환할 포인트는 어디로 할까? 이는 모두 머릿속으로 해볼 수 있는 질문들이다. 특정 장소를 직접 돌아보거나, 종이에 재빨리 평면도를 그려보거나 하면서 말이다.

이런 식으로 미리 준비를 하면 기억의 궁전을 어떤 크기로 세울 것인지를 결정하는 데 도움이 된다. 또한 논리적인 틀template을 창조하는 데도 유용하다. 나는 연설문의 각 문단과 핵심 포인트를 특정 방 하나씩에 배정했다. 또, 중요한 전환 포인트들은 방들 사이의 복도에 배정했다. 한편, 음악이론의 하나인 5도권circle of Fifths을 외워야 했을 때는 특별히 정사각형 모양의 방을 기억의 궁전으로 정했다. 이렇게 하면 방을 열두 개의 역stations으로 나누기 편리했기 때문이다. 이러면 마치 시계의 열두 바늘처럼 되어 방의 어느 쪽이 12인지 혹은 6인지 확실히 이해가 가능했다.

자신의 기억의 궁전을 세우면서 스스로에게 물어보라. 정보를 특정 순서대로 접근하는 게 필요한가? 이는 연설이나 50자리의 임의 숫자 배열 등을 외우는 데 특히 중요하다. 혹은 미국 대통령을 연대기 순서대로 외우는 것도 마찬가지다. 만약 그 답이 '그렇다'이면, 기억의 궁전 속 각 방의 둘레를 따라 동선을 짜보라. 시계방향 혹은 시계반대방향으로 짜면 된다. 동선이 서로 겹치지만 않으면 된다. 그렇게 하면 실제 연설을 하는 압박 속에서 헷갈리거나 길을 잃는 일을 방지할 수 있다.

어떤 경우에는 다른 그루핑grouping(집단화) 방식으로 정보에 접근을 할 필요가 있다. 예를 들어, 전문 영역(전문가의 이름 및 약력), 연설의 일부분(단어), 신체 부위(해부학적 구조) 등이다. 이런 경우에는 미리 논리적인 그루핑을 창조해놓는 게 최선이다. 내가 사용했던 한 방편은 장소 그 자체를 논리적 그루핑으로 활용하는 것이다. 즉, 인간의 생식계는 이와 연관된 침실에서, 상부 위장관gastrointestinal tract은 부엌에서, 하부 위장관은 화장실에서, 뇌 구조는 사무실에서 외우는 식이다. 그렇게 하면 뇌에 더 많은 시냅스 연결이 생겨서 필요한 정보를 더 쉽게 찾을 수 있다.

기억의 궁전의 토대를 설계할 때 명심할 점이 있다. 기억의 궁전이라는 임의의 논리를 세우는 데 있어 잘못된 방법이란 없다는 것이다. 스스로에게만 말이 되면 된다. 나는 러시아어 문법 암기에서 기억의 궁전을 활용했는데, '직접목적격accusative'은 부엌에서 외웠다. 두 룸메이트가 부엌에서 음식을 훔쳤다고 서로를 '탓하는accuse' 장면을 상상해서 논리적 연결성을 만든 것이다. 우습게 들

핵 연상 기법

리겠지만 매우 효과가 있었다.

이처럼 일단 기억의 궁전에서 논리 및 배치를 정하고 나면 나머지는 쉽다. 새로 얻은 '전기 기억'을 사용해 외우고자 하는 모든 대상에 새롭고 상세한 시각화의 마커를 만들면 된다. 그리고 이 특이한 마커들을 지정된 장소에 배정하는 것이다. 예를 들어, 미국 대통령들인 조지 워싱턴, 존 애덤스, 토머스 제퍼슨을 순서대로 외워야 한다면? 우선 세탁기washing machine를, 그리고 아담과 이브를Adam and Eve, 마지막으로 옛날 시트콤인 〈제퍼슨스The Jeffersons〉의 등장인물들을(물론 이를 기억할 만큼 나이를 먹었다면) 시각화하는 것이다. 다시 명심할 것은, '바보 같은' 마커는 없다는 것이다. 자신에게 효과가 있는 마커야말로 최고의 마커이니까.

마커들을 배치할 장소를 선택하는 최선의 방법은 시각화를 특정 위치에 '고정화anchor'해두는 것이다. 방의 코너가 될 수도, 특정 가구 및 서랍, 창문이 될 수도 있다. 이런 식으로 고정화를 십분 이용하면 아주 밀도 높은 기억의 궁전을 창조할 수 있다. 하지만 정확히 같은 위치에 여러 마커를 놓는 것은 피해야 한다. 예를 들어, 똑같은 선반에 마커를 여러 개 둔다든가, 같은 벽에 여러 개의 그림을 붙인다든가 하면 안 된다. 기억의 궁전의 크기를 확장시키는 것이 한 장소에 무리하게 물건을 채워 넣는 것보다 낫다.

내가 개발한 또 하나의 유용한 방편은 실제로 고정장치anchor를 시각화에 아예 포함시키는 것이다. 이는 새로운 기억에 대한 또 다른 연결고리로 작용하며, 장소를 헷갈릴 확률도 훨씬 줄어든다. 예를 들어, 단순히 칼이 소파 쿠션 위에 놓인 것을 상상하는 대신, 쿠션에 칼이 꽂혀서 밖으로 비집고 나오는 모양을 상상한다. 또, 창가에 세탁기가 얌전히 자리한 것보다는 세탁기가 너무 격렬히 움직여서 창문을 깨는 것을 상상한다. 그렇게 하면 세탁기가 창문 근처에 있을 수밖에 없음을 상기하기 때문이다. 이렇게 시각화 과정에 약간의 폭력성 및 기이함을 더하는 것이다.

'기억의 궁전' 방식이 지나치게 단순하다 느낄 수도 있다. 이게 정말 비법의 전부이니까.[8] 시각화를 창조하고, 이를 장소에 배치하는 것. 하지만 일단 해보면 효과는 놀랍다. 한번 직접 시도해보라. 내가 말하는 의미를 깨닫게 될 것이다.

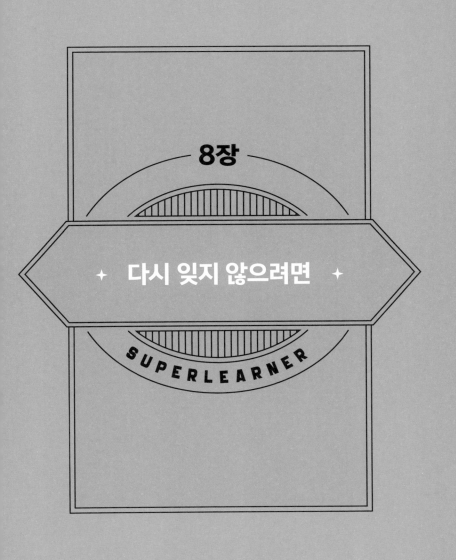

8장

✦ 다시 잊지 않으려면 ✦

SUPERLEARNER

1878년 말, 그다지 유명하지 않은 독일 심리학자 헤르만 에빙하우스Hermann Ebbinghaus는 근거 없는 엉뚱한 이론을 증명하려 하고 있었다. 당대의 동료들과는 달리, 에빙하우스는 기억과 같은 고등 정신 기능이 과학적 실험을 통해 연구될 수 있다고 믿었다. 그 후 7년간 그는 여러 실험을 개발하고 정교화했다. 그리고 자신을 포함한 주변 사람들에게 시험해볼 준비를 했다.

오늘날이라면 거의 정신적 고문이라고 여길 법한 실험들이었다.

우리는 이미 아는 사실이지만, 당시의 에빙하우스도 선지식이 실험에 유리하게 작용해 결국 결과를 곡해할 것이라 내다봤다. 이

다시 잊지 않으려면

때문에 그는 무의미한 음절 2,300개를 만들어냈다. 이를테면, '더daw', '케드ked', '자za' 따위였다. 에빙하우스는 이런 음절 여러 개를 무작위로 큰 목소리로 암송했다. 그러고는 후에 이를 기억해보았다. 여기까지만 보아도 충분히 기이하지 않은가. 그런데 문제는 실험 1회당 이러한 음절 1만 5,000개가 암송되었다는 사실이다.

1885년이 되자 에빙하우스는 기억 및 학습 분야에서 획기적인 발견을 하게 된다. 그의 첫 번째 저서인 『기억: 실험 심리학에 대한 기여Über das Gedächtnis: Untersuchungen zur Experimentellen Psychologie』는 기념비적인 성공을 거뒀다. 이 책은 심리학 및 과학 공동체에 일대 르네상스를 일으켰다. 그 덕분에 에빙하우스는 베를린대학교의 교수직까지 맡게 됐다. 그의 연구 이전에는 기억에 대한 과학적 연구가 거의 없었다. 그러다 에빙하우스의 번역서가 출간되고 1년이 지난 1894년에는 미국에서만 32개의 관련 논문이 쏟아졌다.

오늘날까지 에빙하우스의 업적은 기억을 이해하는 데 지속적인 영향을 미치고 있다. 그중 가장 주목할 만한 것은 인간의 기억이 기하급수적인 망각exponential loss에 놓인다는 주장이었다. 기하급수적인 망각이란, 무언가를 학습한 뒤 곧바로 급격한 비선형nonlinear의 기억 쇠퇴를 겪는 것을 뜻했다.

글쎄, 이건 그리 크게 놀랄 만한 사실은 아닐 것이다. 좀 더 흥미

롭고 유용한 부분이 남아있다. 에빙하우스는 일정 간격을 두고
반복학습을 하면 무작위 음절들에 대한 기억이 점점 개선될 거
라 믿었다. 첫 실험에서 그는 하루 정도면 음절들을 몽땅 잊어버
렸다. 하지만 두 번째 실험에서는 두 배나 더 긴 시간 동안 기억을
유지했다. 네 번째와 다섯 번째 실험에서는 음절들을 몇 주 동안
기억해냈다. 결국에는, 음절들에 대한 정보가 거의 영구적으로 머
릿속에 남게 되었다.

 이 같은 망각의 점진적인 개선을 그래프로 나타내면 이런 모양
이다.

망각곡선(The Forgetting Curve)

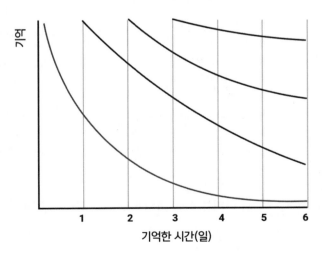

다시 잊지 않으려면

에빙하우스는 이 그래프를 '망각곡선'이라고 명명했다. '망각곡선'은 가속학습의 가장 중요한 요소 중 하나인 '주기적 반복학습 spaced repetition'의 바탕이 된다.

앞서 몇 장에 걸쳐 우리는 세상에서 가장 효과적인 기억법들을 살펴보았다. 이 기억법들을 활용하면 훨씬 빠르고 쉽게 그리고 더 오랫동안 대상을 기억할 수 있다. 또한, 단기기억에서 장기기억으로 기억을 전환하는 것도 한결 용이해진다.

하지만 세계에서 가장 효과적이라는 이런 기억법을 통해서 외운다 한들, 기억이 영원히 가지는 않는다.

수백만 년의 진화 과정에서 이어져온 망각에 대적할 수는 없지 않는가.

앞서 기억의 궁전에서 진공청소기에 흡입된 해마 한 쌍이 기억나는가? 매일 밤, 당신이 평화롭게 잠든 사이에 해마는 마치 체내 지방을 제거하듯 열심히 작업을 한다. 사용되지 않은 기억들을 제거하려는 것이다. 물론 해마는 당신이 기억을 흥미 있게 만들려 노력한 공을 치하할 것이다. 하지만 해마도 맡은 임무를 해야 하니까.

우리의 뇌는 앞서 살펴본 것들 이외에도 여러 심리적 효과에 영향을 받는다. 그중 가장 중요한 것 하나가 바로 '간격효과 spacing effect'이다. 간격효과란 반복적으로 암기 대상을 마주하면 훨씬 더 외우기 쉬워진다는 것이다. 한편, 간격효과의 사촌격인 '지연효과 lag effect'도 있다. 지연효과란, 학습이 오랜 시간 동안 차이를 두고 진행되면 간격효과가 배가된다는 것이다. 내가 말하려는 건, 한 번만 외우면 아무리 잘 외우더라도 충분치 않다는 것이다. 에빙 하우스는 스스로가 이미 대상을 잘 안다고 믿을 때조차 지속적인 복습이 큰 효과를 지님을 밝혔다. 에빙하우스는 이 기법을 '과잉 학습overlearning'이라고 칭했다. 지워지지 않는 기억을 창조하는 데 있어 과잉학습은 매우 중요한 부분이다.

　다행히, 복습을 하는 효과적인 방법은 있다. 시간 낭비를 줄이 고, 학습을 '최소 유효량'으로 축소시키는 방법이다. 대부분의 복 습은 엄청나게 많은 시간이 걸린다. 초등학교 시절을 한번 떠올려 보라. 한 번의 시험을 치르기 위해 수많은 암기카드와 요약 노트 를 만들었을 것이다. 복습을 하면서 학습 내용을 이미 대부분 알 고 있을 때의 뿌듯한 느낌을 기억하는가? 물론, 가끔은 너무 어렵 다고 생각되는 부분에서 맴돌기도 한다. 하지만 대부분의 공부 시 간은 순탄했을 것이다.

　에빙하우스의 시대 이후, 사람들은 복습이라는 난제에 몇 개의 기발한 해결책을 개발했다. 그중 하나가 바로 '라이트너 상자Leitner box'이다. 라이트너 상자는 암기카드를 다섯 개의 개별 상자에 나누어 분류하는 체계이다. 공부를 하면서, 카드에 적힌 정보를 얼마나 잘 이해했는지에 따라 카드를 옮겨 담는 것이다. 카드를 재분류할 때는 각각의 상자에 담긴 내용들이 얼마나 어려웠는지에 따라 좀 더 복습할 상자와 아닌 상자를 구별한다.

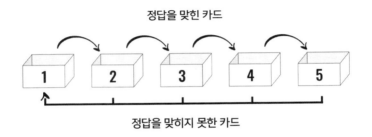

정답을 맞힌 카드

정답을 맞히지 못한 카드

'라이트너 상자' 체계는 꽤나 효과적이다. 하지만 이를 진행하려면 엄격하게 규칙을 준수해야 하며, 분류 기술도 뛰어나야 한다. 더욱이, 상자들은 휴대하기 여간 불편한 게 아니다. 만약 상자를 놓은 테이블 위에 고양이가 뛰어들기라도 하면 다 망가지는 것 아닌가.

그래서 현재는 소프트웨어 개발자들이 라이트너 상자의 개념을 디지털화 해놓았다. 그리하여 다양한 '간격 반복 시스템spaced repetition systems, SRS'이 마련돼 있다. 이 디지털 SRS 중에는 완전히 무료인 안키Anki나, 전 기억력 챔피언 에드 쿡Ed Cooke이 개발한 멤라이즈Memrise가 포함된다. 또, 새로운 스타트업인 브레인스케이프Brainscape도 있다.

디지털 SRS의 바탕을 이루는 개념은 사실 꽤나 단순하다. 우선 오디오, 비디오, 이미지와 텍스트 기능이 포함된 암기카드를 직접 만들거나 다운로드 받는다. 그리고 복습을 시작한다. 문제에 하나씩 답할 때마다 그 난이도를 1~4 척도로 입력한다. 그러면 소프트웨어의 알고리즘이 당신이 제출한 답과 답하는 데 걸린 시간을 측정해서 암기카드의 내용을 당신이 잊어버릴 것인가를 예측한다. 만약 특정 문제를 당신이 단 몇 초 안에 쉽게 답했다면 향후 몇 주, 몇 달까지도 이 카드를 볼 일은 없다. 당신이 문제를 고심하다 포기해버렸다면, 그 카드는 당일 공부시간에 재등장한다. 문제가 쉽게 느껴질 때까지 계속해서 그 카드를 보게 되는 것이다. 빠르고 자신 있게 답을 할 수 있을 때까지 다음 날, 또 그다음 날에도 이 카드는 등장한다.

이렇게 하면 결과적으로 방대한 양의 정보를 학습하는 데 있어 그 복습량을 줄일 수 있다. 그러면 시간이 절약된다. 뿐만 아니라 학습량이 고정된 경우에는 빠르게 다른 공부로 넘어갈 수 있다.

다시 잊지 않으려면

나는 러시아어 단어를 공부하면서 안키 프로그램을 활용해 하루에 30~40개의 단어를 단 몇 분 안에 외울 수 있었다. 이미 아는 단어를 복습하느라 시간을 허비하지 않았기에 가능한 일이었다. 한편, 무엇이든 오랜 시간 뒤에는 잊어버릴 것이 뻔하므로 디지털 SRS는 간혹 암기 내용을 상기시키는 기능도 한다. 나의 프로그램에는 러시아 단어 암기란이 있는데, 매해 한두 번 정도 복습 공지가 뜬다. 이렇게 간단한 복습을 하는 것만으로도 이 단어들을 절대 잊지 않는 것이다.

만약 어떤 한 과목을 더 빨리 배우고 싶다면 디지털 SRS가 믿을 만한 비밀무기가 될 수 있다. 안키와 같은 앱을 이용해서 나의 수강생들은 변호사 시험을 통과했고, 의사가 되었으며, 일곱 개의 언어를 배우기도 했다. 이외에도 성과는 무궁무진했다.

디지털 SRS는 학습에 정말 큰 차이를 만들 수 있다.

하지만 안키 같은 프로그램을 다운로드 하기 전에 미리 경고해 둘 말이 있다. 이런 소프트웨어 체계들은 '기억'과 '소프트웨어 개발' 분야에 괴짜나 다름없는 이들이 만든 것이다. 따라서 관련 앱들은 마치 지킬 박사와 하이드 같은 느낌이 서려 있다. 즉, 웹 앱 web app(pc나 스마트폰 등 어떤 단말기로도 같은 콘텐츠를 봄)으로 사용했을 때는 충분히 단순해 보이지만, 막상 데스크탑용 앱을 다운로드 받으면 아주 복잡한 옵션, 태그, 메뉴, 기호 설정, 데이터베이스의 홍수를 마주한다. 이런 점에 질려서 금방 사용을 관둘 이용자들도 있을 것이다.

이에 대한 나의 충고는 사용을 단순화하라는 것이다. 우선, 노르웨이어 단어나 인간 해부학, 피아노의 코드 등 배우고자 하는 내용의 개별 파일을 만들어라. 프로그램의 포맷을 맞춤화하거나 화려한 템플릿을 만드는 데 시간을 너무 많이 할애하는 것을 피하라. 또한, 만약 남들이 미리 만들어놓은 학습파일을 이용하려거든 암기카드들이 제대로 분류됐는지, 내용이 정확하고 잘 업로드 되는지 등을 체크해야 한다. 필요도 없는데 'Трубка'라는 러시아어 단어를 외우는 일은 피해야 하니까.

그럼 우리가 일반적으로 책으로 배우는 내용은 어떻게 할까? 우리는 대부분 책을 읽음으로써 전반적인 지식 및 새로운 사상에 대한 관점을 얻는다. 늘 개별 사실이나 표, 인용구 등을 암기하는 것은 아니다. 따라서 책에서 배우는 모든 중요 포인트를 모두 디지털 SRS에 옮길 필요는 없다. 마치 단어를 암기하듯 이런 내용들을 모두 외울 필요는 없지 않은가. 그럼에도, 이런 내용들에도 약간의 '간격 반복학습'이나 '과잉학습'을 적용할 필요는 있다. 책에서 읽은 모든 내용을 잊어버리기는 싫을 테니 말이다.

다시 잊지 않으려면

그러한 적용 과정을 쉽게 하기 위해 학습 목표에 따라 여러 옵션을 선택할 수 있다. 수년간 나는 킨들 같은 전자책으로 책을 읽는 것을 옹호해왔다. 아마존 사이트에 접속하면 당신이 배우고자 하는 학습 중요 포인트들을 다운로드 혹은 업로드 할 수 있게 되어 있다. 그러면 이를 컴퓨터의 문서파일이나 에버노트라는 클라우드 기반의 프로그램에 저장하면 된다. 게다가 학습 내용을 복습하라는 알림을 받도록 설정도 가능하다(물론 킨들 앱에도 암기카드 소프트웨어가 장착돼 있지만, 내 의견으로는 이는 너무 기초적이고 사용자 친화적이지 않다). 나아가, 책을 읽은 뒤 기억하고 싶은 핵심 포인트를 써서 안키에 업로드 할 수도 있다. 그러면 안키의 알고리즘이 당신이 그 핵심 포인트를 얼마나 자주 외워야 하는지를 결정해준다.

　그런데 이런 기능을 실제로 얼마나 자주 이용할 것인가? 솔직히 말해, 내 경우에는 앞으로 읽을 책에 너무 흥분한 나머지 이미 읽은 스무 권의 책의 복습은 잘 하지 않는 편이다.

　하지만 최근에 나의 강의 팀원 중 한 명이 이런 문제를 모두 해결하는 획기적인 앱을 발견했다. '리드와이즈Readwise'라는 이 앱의 작동원리는 간단하다. '킨들', '애플북스Apple Books', '인스타페이퍼Instapaper' 등을 통해 작성한 핵심 포인트들을 리드와이즈에 연결시킨다. 그리고 읽은 종이책들의 제목을 입력한다. 그러면 리드와이즈에서는 데이터베이스를 작성해서 당신이 읽은 종이책, 혹은 오디오북의 핵심 포인트들을 더 추가해서 매일 혹은 주 단위로 당신의 이메일로 보내주는 것이다. 내가 리드와이즈에서 정말 마음에 드는 것은 핵심 포인트를 얼마나 자주 이메일로 받아볼지를 결정할 수 있다는 것이다. 복습을 혼자 해야 하는 짐을 덜어주는 셈이다. 매주 혹은 매일 이메일 하나를 받기만 하면 읽었던 책들에 대한 간격 반복학습이 가능다.

간격 반복학습에 대한 마지막 당부의 말이 있다. 이 장을 시작하면서 나는 시각화 기법은 간격 반복학습 없이는 효과가 충분치 않다고 언급한 바 있다. 그 반대도 마찬가지이다. 간격 반복을 통해 복습을 최적화하는 동안 여태껏 학습한 내용을 잊어버려서는 안 되지 않는가. 따라서 항상 시각화 마커를 창조해야 한다. 암기카드에 그림을 그리지는 않더라도 적절한 부분에서 이 마커들을 기억의 궁전에 배치하는 걸 잊지 말길 바란다. 그렇게 하면 간격 반복학습은 한결 탄력이 붙고, 복습해야 할 시간도 더 줄게 될 것이다. 어떤 학생들은 암기카드에 직접 기억의 궁전 속 장소명을 적어두기도 했다. 물론 이럴 필요까진 없지만, 좀 더 투명한 학습이 될 수는 있다. 이처럼 기법들을 혼합해서 사용한 좋은 사례가

다시 잊지 않으려면

바로 내 친구인 가브리엘 와이너Gabriel Wyner의 경우다. 그는 『영원히 유창한Fluent Forever』이라는 책의 저자인데, 이 책에서 그는 인상 깊은 사진들과 간격 반복 소프트웨어를 결합하는 방법을 가르친다. 이 방법을 통해 가브리엘은 4개국어를 동시에 배울 수 있었다고 한다. 가브리엘은 현재 "플루언트Fluent"라는 자신만의 디지털 SRS를 개발 중이다. 자신이 배운 방법으로 학생들의 언어학습을 돕는 앱이라고 한다.

이처럼 간격 반복학습과 앞서 배운 기억법을 결합하면 어떤 학습도 문제없다. 뿐만 아니라, 학습에 드는 시간도 훨씬 적어질 것이다.

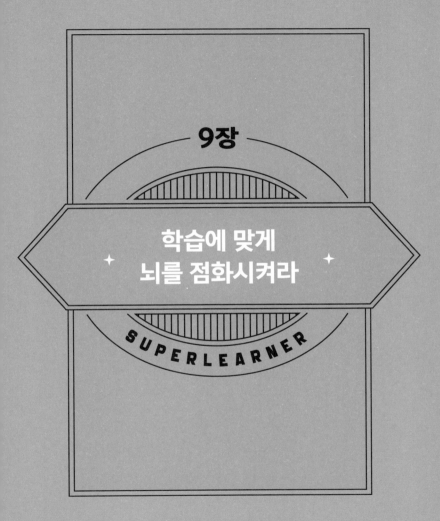

9장

학습에 맞게
뇌를 점화시켜라

SUPERLEARNER

대학교를 다닐 때 나는 여러 지점에서 고군분투했다. 앞서 말했듯, 각성제를 처방받아 수업시간을 버티기도 했다. 하지만 얼마 지나지 않아 이로써는 불충분하다는 결론을 내렸다. 고등학교 때는 어찌됐든 친구들을 따라잡을 능력이 있었다. 하지만 대학교의 학습량은 엄청났다(변명을 하자면, 연간 200만 달러 규모의 부업을 운영했으니까). 이 때문에 앞서 밝혔듯이 전공을 세 번이나 바꿔야 했다.

결국 나는 1학년 때와 3학년 때 한 번씩 선배들에게 도움을 청했다. 선배들은 어떻게 그 막대한 양의 읽기 교재를 감당하고, 내용을 외우기까지 했을까? 뭔가 비결이 있을 법했다. 그렇지 않고서야 교수님들이 애초에 그 많은 학습량을 부과하실 리 없잖은가.

학습에 맞게 뇌를 점화시켜라

선배들에게 묻자 그들은 내게 '꼼수'를 귀띔해주었다. 그런데 이를 듣고도 뭔가 아쉬웠다. 그들이 전해준 비법은 너무 간단해서, 효과가 없을 것 같았다. 그래서 나는 말도 안 되는 얘기라며 넘겨버렸다. 당시에는 그 비법이 독해력 및 집중력을 개선하는 가장 효과적이고 증명된 전략이라는 사실을 까맣게 몰랐던 것이다.

책을 펼친 뒤 좌절감에 빠져 멍하니 페이지만 바라보기만 했던 그 기분을 우리는 모두 잘 안다. 도무지 집중은 되지 않고, 시간만 낭비하는 듯한 기분도 든다. 혹은 몇 문단, 몇 장을 읽고 난 뒤 방금 무엇을 읽었는지 도대체 기억이 안 날 때의 기분은 또 어떤가.

시간을 낭비하는 듯한 좌절감은 너무나 정상이다. 아주 숙련된 독서가들도 이런 기분을 흔하게 느낀다.

여하튼 이런 좌절감은 집중력과 주의력, 동기로 인한 문제다. 완벽한 세상에서라면 우리는 모두 정말 읽고 싶은 책, 단어 하나하나에 매혹되어 마치 책읽기가 짭짤한 팝콘을 먹듯이 재미있는 책만 읽을 것이다. 하지만 현실은 매우 다르다. 냉혹한 현실은, 학교 공부 및 업무를 위한 많은 양의 독서는 한마디로 별로 흥미롭지가 않다는 것이다. 심지어 흥미롭다 한들 우리의 주의 집중 시간에 비해 독서량이 턱없이 많다.

그러나 걱정하지 말길 바란다. 이런 현상에 대한 간단한 해결책이 존재한다. 이 방법이라면 당신이 읽는 무엇이라도 뇌가 집중하도록 뇌를 설득할 수 있다. 그 내용이 아무리 지루하고 무미건조할지라도 말이다. 가장 좋은 점은, 그 어떤 실험적 약물을 사용하는 것도 아니라는 점이다. 심지어 익히는 데 몇 분밖에 안 걸린다.

SQ3R
∶

문제의 기술을 익히기에 앞서 'SQ3R'이라는 학습 틀을 이해할 필요가 있다. 얼핏 들으면 〈스타워즈〉의 주인공 루크 스카이워커와 다니는 로봇 이름처럼 들린다.

SQ3R은 교육철학가인 프랜시스 P. 로빈슨Francis P. Robinson이 그의 1945년 저서 『효과적인 학습Effective Study』에서 주장한 학습 체계이다. 이에 대해 들어본 적이 없을지도 모르겠다. 하지만 사실 많은 미국 학교 및 대학에서 SQ3R을 실제로 가르치고 있다. 그래서 아마도 앞서 언급했듯, 내가 대학시절 자문을 구했을 때 두 선배들이 모두 이 방법을 가르쳐준 듯하다. 재미있게 들리는 이 학습틀의 이름은 다음과 같은 단어들의 약자이다.

학습에 맞게 뇌를 점화시켜라

Survey(살피기)

Question(질문하기)

Read(읽기)

Recall(회상하기)

Review(복습하기)

SQ3R은 평상시 당신의 독서법과 사뭇 다를 수 있다. 왜냐하면 이 독서법은 '읽기'의 과정을 몇 개의 개별 단계로 세분화하기 때문이다. 이런 창의적인 몇 단계를 거치는 동안 당신의 뇌는 앞으로 마주할 지식을 받아들이는 데 알맞게 점화priming된다.

우선, '살피기' 단계에서는 새 정보를 받아들일 마음의 준비를 하면서 책의 내용을 훑어본다. 만약 당신이 슈퍼러너 훈련을 받았다면 이 단계에서 시각화 기법을 준비한다. 앞으로 디테일을 더 채워 넣어갈 수 있게.

그다음은 '질문하기' 단계이다. 질문하기 단계는 사실 살피기 단계와 동시에 진행된다. 이 단계에서는 스스로에게 동기를 자극할 수 있는 질문을 해본다. 예를 들어, '내가 왜 이 책을 읽는가?', '왜 이 책을 읽는 게 내게 중요한가?', '이 책으로부터 배우고자 하는 게 무엇인가?'와 같은 질문들이다. 이런 질문들을 하면 호기심이

커지고, 독서를 향한 동기와 열망도 함께 형성된다. 이에 대해서는 잠시 뒤에 더 살펴보기로 하자.

다음 단계는 '읽기'이다. 속독을 하거나 평범한 속도로 읽으면 된다. 이 단계에서는 앞서 '살피기'와 '질문하기'에서 얻은 결과의 효과를 느낄 수 있다. 그래서 불필요한 디테일들을 다시 읽거나 내내 생각하지 않아도 되도록.

읽기가 끝나면, '회상하기' 단계에 돌입한다. 읽은 것들에 대한 내용을 기억하고, 그러면서 상세한 시각화 기법을 적용한다. 시각화는 읽기 교재의 두께에 따라 각 문단 및 페이지, 각 장에 따라 적용하면 된다. 독서 내용을 확실히 기억하는지를 확인하는 수단으로 시각화를 사용하는 것이다.

마지막으로 '복습하기' 단계이다. 이 단계에서는 여러 관점에서 독서 내용을 분석해본다. 독서에서 배운 내용을 평가하고, 이전에 지니고 있던 지식과 연결시키는 것이다. 그러고는 독서 내용에 대해 장기간 간격 반복학습을 한다. 믿기 힘들지 모르지만, 가장 고능률의 독서가들은 앞서 모든 단계들을 합친 것보다 이 단계에 더 많은 공을 들인다. 독서 내용을 복습하지 않으면 곧장(그리고 시간이 지날수록 더) 그 내용이 쓸모없어지기 때문이다. 그냥 잊어버리는 것이다.

학습에 맞게 뇌를 점화시켜라

SQ3R 독서법을 전반적으로 이해했다면 이제 이를 최적화하는 법을 알아보기로 하자. 우선, '미리 읽기Pre-reading'라는 기술부터 시작해보자.

'미리 읽기'의 힘

:

'미리 읽기'라는 기술은 앞서 살펴본 '살피기'와 '질문하기'를 한데 합친 것과 다름없다.

사전에서 "survey"라는 동사를 찾아보면 꽤 여러 정의가 나와 있다. 그중에는 '조사하다, 검토하다, 질문하다, 그 내용에 대해 기록하다'라는 정의도 있다. 이 멋진 정의가 바로 우리가 '미리 읽기'를 통해 하려는 바를 정확히 나타낸다.

처음에는 '미리 읽기'라는 개념이 모순적으로 들릴지 모른다. '미리 읽기를 하면 독서에 단계가 추가되니, 독서 과정이 느려지는 것 아닐까?' 하고 생각할 수 있다. 하지만 사실은 그 정반대다. 연구원들에 따르면, 미리 읽기는 독서의 속도를 높인다. 또한 더 높은 기억력으로 읽기를 하도록 뇌를 점화시키는 역할도 한다.[9]

어떻게 잠깐 훑어보는 것만으로 읽기가 향상될 수 있을까? 우선, 미리 읽기는 우리의 집중력과 동기를 향상시킨다. 또, 딴 데로 정신이 팔려서 같은 곳을 또 읽는 일을 방지해준다. 동시에, 미리 읽기는 실제로 읽기 속도를 향상시킨다. 이는 교과서처럼 두꺼우면서 여러 주제 및 사진을 포함한 책의 독서에 특히 중요하다. 교과서를 읽을 때 코너의 상자그림에서 맴도는 경험을 해본 적이 있는가? 생소한 용어를 정의해놓거나, 새로운 개념에 대한 중요한 맥락 설명을 해놓은 그런 상자그림 말이다. 하지만 본문 내용으로부터 당신의 관심을 상자로 분산시키는 건 독서를 느리고 비효율적으로 만든다. 따라서 상자 속 문구를 비롯한 기타 방해물들을 미리 읽어두면 중요한 본문의 정보를 탐색하고 학습하는 데 도움이 된다. SQ3R 독서법에서 '회상하기'에 도달하기 전에 독해를 방해하는 방해물들을 없애는 게 '미리 읽기'의 본질이다.

'미리 읽기'는 슈퍼러너 강의에서 지어낸 개념은 아니다. 앞서 언급했듯, 많은 과학 연구들이 미리 읽기의 효과를 이미 뒷받침한 바 있다.[10]

그럼, 미리 읽기를 실제로 어떻게 해야 할까?

학습에 맞게 뇌를 점화시켜라

상황을 살피기

：

책을 미리 읽기 한다는 것은 본질적으로 '훑어 읽기skimming'와 같다. 그러나 일반적인 훑어 읽기와는 다르다. 한 페이지당 몇 초 동안 평소 읽기 속도의 네댓 배로 빠르게 훑는 것이다. 이때 본문을 읽으려고 전혀 노력하지 않아도 된다. 대신, 제목과 부제, 고유명사, 숫자, 단어 등 특히 두드러지는 것들을 읽는다. 미리 읽기를 하는 동안 우리는 본문의 구조에 대한 이해를 한다. 그리하여 일종의 '인지 지도mental map'를 만든다. 익숙하지 않은 용어들, 즉 방해물들이 나타나면 미리 읽기를 잠시 멈추고 자세히 들여다보라. 그러고 나서 계속 미리 읽기를 이어나간다.

미리 읽기를 하는 동안 본문에 대한 생각 및 의견, 아이디어를 떠올리기 시작하라. '음, 이건 아주 흥미롭군! 여기서 버즈 올드린Buzz Aldrin(미국의 우주비행사)에 대해서 얘기하려 하네'와 같은 식으로. 이런 생각이 임시 마커로 작동할 수 있다. 물론 후에 본문을 읽으면서 좀 더 구체적인 시각화 마커로 업그레이드 할 테지만. 앞서 살펴본 파레토의 원칙이 여기서도 유용하게 적용된다. 앞으로 읽을 내용의 80퍼센트를 이해하게 해줄(혹은 적어도 본문 내용이 어떤 것인가를 알려줄) 20퍼센트의 내용을 찾는 것이다.

이렇게 해두면 실제로 나중에 본문을 읽을 때 그 외의 디테일만 채워가면 된다. 물론 미리 읽기의 기술을 완전히 익히려면 시간이 걸린다. 그러나 속독의 핵심적인 기술이 바로 미리 읽기이다. 일반적인 읽기에서도 마찬가지겠지만, 따라서 집중력을 갖춘 효율적인 독서가가 되기 위해서는 미리 읽기를 부지런히 연습하길 바란다.

본문의 내용을 미리 읽기의 속도로 이해할 수는 없다. 하지만 이 단계에서는 인지 지도를 설계하고, 무의식적으로 내용과 더 친밀해지게 된다. 마치 이웃동네를 시속 64㎞의 속도로 주행하면서 지형을 익히는 것 같은 느낌이다. 좌절할 필요도, 본문에 얽매일 필요도 없다. 그저 흐름을 이해하고, 튀어나오는 흥미로운 포인트들을 체크하면 된다.

이 정도만도 미리 읽기의 큰 장점이지만, 앞서 언급했듯이 그게 미리 읽기 장점의 전부는 아니다.

모든 것에 질문을 던지기
:

미리 읽기의 다음 단계는 '질문하기'로, SQ3R의 질문하기 단계

학습에 맞게 뇌를 점화시켜라

만큼이나 중요한 부분이다.

말콤 놀스 박사의 가르침이 기억나는가? 성인학습자들은 선경험을 활용해야 한다는 가르침 말이다. 또한, 성인학습자들은 학습 내용을 즉시 응용하려는 절박한 필요성이 있어야 한다. 한마디로, 성인학습자들은 배우는 내용에 대해 호기심을 유지해야 한다. 또, 그들이 이미 지닌 지식과 학습 내용이 어떻게 연결되는지도 알고 싶어 한다. 현대의 연구원들은 이 점에 대해 이미 수없이 증명한 바 있다. 보유한 지식 및 선경험과 학습 내용을 연결하면 할수록 학습의 질은 높아진다.

그런데 이미 언급했듯이, 안타까운 현실은 우리가 읽는 많은 내용들이 이런 조건에 들어맞지 않는다는 것이다. 정말 좋아하는 분야라고 해도 독서 내용이 곧바로 응용 가능하지 않을 때가 많다.

다행히, 적절한 종류의 질문을 던지는 법을 배우면 이런 어려움을 극복하기 쉬워진다. 인간의 뇌는 좋은 질문을 무시하기 어렵게 돼 있다. 우리는 말하자면, 문제 해결 기계problem solving machine와도 같은 존재다. 따라서 질문하기는 우리의 뇌를 점화시키고, 집중력을 높이는 데 가장 효과적이라 해도 과언이 아니다.

우리의 뇌가 정말 좋아하는 또 다른 게 무엇인지 아는가? 바로 정답을 맞히는 것이다. 만약 행동경제학자 댄 에리얼리Dan Ariely

의 책을 읽은 적이 있다면, 인간의 뇌가 온갖 종류의 인지적 편향cognitive bias에 취약하다는 사실을 알고 있을 것이다. 그중 가장 중대한 것이 바로 '확증편향confirmation bias'이다. 이는 자신의 신념을 뒷받침하는 사실에 더 많은 관심을 두는 경향이다. 확증편향으로 인해 우리는 사고를 전환할 새 정보를 무시해버린다. 새 정보가 진실일지라도 말이다. 확증편향은 따라서 대개 유해하다(특히나 선거철에는 더욱 그렇다).

하지만 미리 읽기를 하면 확증편향을 거꾸로 장점으로 취할 수 있다. 즉, 특정 질문을 스스로에게 던짐으로써 원래 알던 정보와 새 정보를 비교하게 되는 것이다. 그러면, 하나의 진실한 정보를 찾는 데 집중력을 강화할 수 있다. 그렇지 않겠는가? 이런 노력만으로도, 이를 테면 세법tax law과 같은 지루한 주제도 훨씬 더 흥미롭게 배울 수 있다.

예를 들어, 세법에 관한 본문을 읽고 있는데 메릴랜드 주 볼티모어 지역에 대한 내용이 나온다면? 이런 식으로 질문을 해보는 것이다. '볼티모어와 세법이 대체 무슨 상관인가?' '볼티모어에서 어떤 일이 있었나?' '그곳에서 세법 관련 선례가 있었는가?' 이런 식으로 예측을 하고 본문을 읽는 동안 그 예측이 맞았는지를 체크해본다. 이렇게 하면 본문을 읽을 동기가 커지고, 본문의 내용이

학습에 맞게 뇌를 점화시켜라

도대체 무엇인지를 파악하는 데 도움이 된다. 본문에서 예측하지 못한 내용이 나오면 그 내용의 역할이 무엇인지에 대한 질문을 던져보라.

스스로에게 던져볼 또 다른 유용한 질문은 '내가 이 정보를 어떻게 쓸 것인가?'이다. 본문을 미리 읽기 하다 보면 내용에 대한 감을 익히게 된다. 이때, 본문의 정보가 어떻게 자신의 삶에 영향을 미칠지를 상상해보라. 그 정보로 어떤 이득을 취할지를 생각해보는 것이다. '이 정보를 일상에서 어떻게 활용할 것인가?' '삶 속에서 이 정보를 누구와 공유할 것인가?' '이 정보를 대화의 화두로 이용할 수 있을 때는 언제인가?' 등등. 기본적인 질문들이다. 하지만 머릿속으로 '왜'라는 이런 질문을 하는 것만으로 큰 차이가 생긴다. 완벽한 집중을 하거나 멍하게 정보를 흘려보내거나에 차이가 생기는 것이다.

나도 미리 읽기 훈련을 할 때 상당히 고군분투했다. 당시 멘토이자 코치였던 애나와 레브 부부가 내게 충고를 해주었는데, 이는 아직까지 내 마음속에 생생히 남아있다. 그들은 내게 '관점'에 대한 질문을 던져보라는 도전과제를 내밀었다. 말하자면, 독자인 나의 관점, 저자의 관점, 그리고 제3자의 관점에 대한 질문들을 해보라는 얘기다.

미리 읽기 단계에서는 아직 본문 자체를 읽지는 않는다. 하지만 이 단계에서도 키워드들은 눈에 들어온다. 이 키워드들만으로도 의견을 내포하는 질문들을 형성할 수 있는 것이다.

예를 들면 이런 질문들이다.

- 저자가 어떤 관점을 취할 거라고 예상되는가?
- 이 책을 읽으면서 나는 어떤 관점을 취할 것인가?
- 저자가 어떤 점에서 잘못 사고하고 있다고 예상되는가?
- 책의 주제에서 내가 설득당할 만한 부분은 어디인가?
- 이 책에는 어떤 개선점이 있어 보이는가?
- 비평가들은 이 책에 대해 뭐라고 말할 것 같은가?
- 이 책의 주장에 동조 혹은 비판할 이들은 누가 될 것인가?
- 미리 읽기의 속도에서 파악할 수 없는 본문의 내용은 무엇일까?

미리 읽기 단계에서의 여느 질문처럼, 이런 질문들은 당신의 인지적 편향에 대한 경계심을 최대로 끌어올린다. 그리하여 마침내 본문을 읽게 되면, 당신의 집중력은 마치 레이저처럼 날카로워질 것이다. 자신의 의견이 맞는지를 확인하겠다는 결심도 생긴다. 비

학습에 맞게 뇌를 점화시켜라

록 본문이 무척 지루할지라도 말이다.

'책을 본격적으로 읽지 않고서 어떻게 이런 질문들을 던진담?' 하고 생각할지 모르겠다. 그러나 실제로는 그리 어려운 일이 아니다. 예를 들어, 만약 영양에 관한 기사를 읽는다고 해보자. 두드러지는 몇몇 키워드, 이를 테면 '팔레오 식단paleo diet(구석기시대의 음식처럼 영양가 많고, 가공하지 않은 음식의 식단)'이나 '곡물', '동물 단백질,' '암', '비만'. '인슐린' 등의 단어들만 봐도 이 기사에 대해 많은 것을 알 수 있다. 또, 어떤 연구나 전문가의 말이 인용되었는지를 보면 그보다 더 많은 것을 파악할 수 있다.

이렇게 하면 기사를 본격적으로 읽기도 전에 저자가 어떤 입장을 취하는지를 가정할 수 있다. 그리고 이를 바탕으로 내가 저자의 의견에 동의하는지 반대하는지를 확실히 알 수 있다. 또, 예를 들어 나의 채식주의자 친구들이 이 기사를 아주 좋아할지, 아니면 이를 읽고 붉으락푸르락 화를 낼지 생각해볼 수 있다. 나아가 저자가 편견을 지녔거나, 잘못된 정보를 제공하는 게 아닌지도 가늠해볼 수 있다.

결과적으로, 미리 읽기를 처음으로 성공하면 당신이 답하고 싶은 많은 질문들이 생길 것이다. 이런 질문들을 해보는 건 집중력과 이해력 향상에 큰 영향을 미친다. 당신이 나처럼 주의력결핍장

애를 가졌다면 '정말로 무언가를 알기 원하는 것'이 얼마나 집중력을 향상시키는지 잘 알 것이다. 이렇게 미리 읽기로 관점에 대한 질문을 하면 바로 그런 효과가 나타난다.

앞선 예처럼 만약 '볼티모어에 대한 언급이 본문에 왜 있을까?'를 알기 원하면, 평소 세법에 대해 관심을 두는 것보다 훨씬 더 본문에 집중할 수 있게 된다.

많은 학생들이 기억력을 열 배 향상시키거나, 세 배의 속도로 속독을 하기 위해 나의 가속학습 프로그램을 찾는다. 하지만 사실 나는 '미리 읽기'야 말로 슈퍼러너 학습의 백미 중 하나라 생각한다. 많은 이들이 미리 읽기는 별로 큰 차이를 만들지 못할 거라 생각하지만 말이다. 게다가 가장 좋은 점은 당장 오늘부터 별다른 훈련 없이도 미리 읽기를 시작할 수 있다는 점이다.

이 책의 다음 장을 읽으면서 미리 읽기를 한번 시도해보라. 그러면 나의 뜻을 알 수 있을 것이다. 다음 장의 첫 페이지에 손가락을 대고(혹은 킨들이라면 엑스레이X-ray 기능을 시도하라) 매우 빠른 속도로 페이지를 넘기며 훑는 것이다. 그러면서 눈에 띄는 디테일에 대해 스스로 질문을 해보는 것이다.

아마 놀라운 결과를 얻을 수 있을 것이다.

따라서 나는 당신도 이제부터는 모든 읽을거리에 미리 읽기를

학습에 맞게 뇌를 점화시켜라

적용해보기를 권한다. 물론 스릴러 소설에는 미리 읽기를 적용하지 않는 게 나을 것이다(스포일러가 될 테니까). 그 외의 모든 것, 장문의 이메일부터 블로그 포스팅, 과학 교과서에 이르기까지 전부 시도해보라.

바로 다음 장부터 주저 말고 적용해보길 바란다.

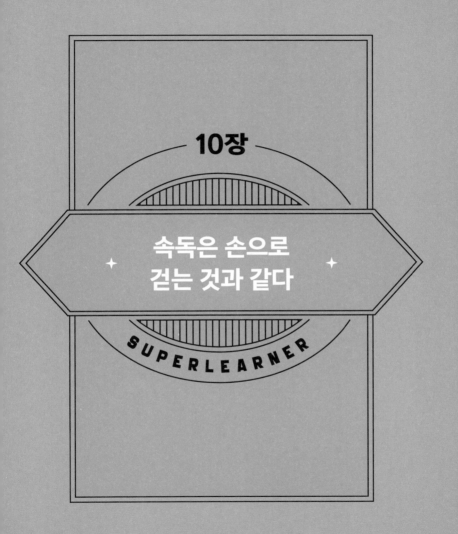

10장

속독은 손으로
걷는 것과 같다

SUPERLEARNER

학교를 다니는 내내 나는 속독법을 배우려 애썼다. 작가 에블린 우드Evelyn Wood의 유명한 속독법 책도 읽었다. PX기법PX Method이 라는 속독법도 시도해봤다. 그러다가 2011년에 운명적으로 레브 를 만난 것이다. 당시에 나는 꽤나 놀랍게도 1분에 450단어450wmp 를 읽을 수 있었다.

그런데 문제가 있었다. 글에 대한 이해 속도가 40퍼센트밖에 안 된다는 것이었다.

반면 레브는 나보다 거의 두 배나 빠른 속도로 책을 읽었다. 그 런데도 이해도는 80~90퍼센트에 달했다. 지금 생각하면 이건 놀 라운 일이 아니다. 레브는 당신이 앞서 접한 기억법 및 미리 읽기

　　　　　　　　　　　속독은 손으로 걷는 것과 같다

기술을 이미 지니고 있었으니까. 이제, 당신도 속독법까지 배울 차례다.

미리 읽기 기술을 사용하기 전에 우선 기대치에 대해 정리를 해둘 필요가 있다. 내가 말하는 속독법이란 1초에 한 페이지를 읽는, 마치 '사진 찍는 듯한' 읽기가 아니다. 또, 한쪽 눈으로 한 페이지를 읽거나 5,000wmp의 속도로 한 페이지를 읽는 것도 아니다. 이런 읽기들은 황홀하게 들릴지 몰라도, 과학 연구에 따르면 전혀 근접 가능하지도 않기 때문이다.

다소 실망스럽게 들릴지도 모르겠다.

흥미롭고 다행스러운 사실도 있다. 속독법을 가장 철저하게 반박하는 연구들은 주로 600wpm 정도에서 지문 이해도가 서서히 떨어지기 시작해서 700~800wmp가 되면 가장 급격하게 쇠퇴한다고 주장한다.[11] 그리고 평균적인 대학 학력의 독자들은 영어로 200~250wmp의 속도로 책을 읽는다고 한다. 이런 점에서 보면, 내 생각으로는 속독은 가능하지만 대개 그 범위는 600~800wpm 정도로 제한되는 듯하다.

그러면 대체 속독은 어떻게 하는 것일까?

속독법의 기본은 상당히 간단해서 나의 설명을 읽고 연습만 하면 된다. 하지만 속독법은 손을 사용해서 걷는 것과 비슷한 면이 있다. 즉, 1~2년만 연습을 하면 상당히 편안하게 시행할 수는 있지만. 어떤 것을 할 줄 안다는 것과 잘 하는 것은 큰 차이가 있다. 그리고 아침에 침대에서 일어나면 손보다는 다리를 사용해 걷는 것이 훨씬 더 자연스럽지 않겠는가.

속독도 이와 비슷한 데가 있다. 앞에서 배운 기억법 및 미리 읽기 기술은 당신의 사고 및 학습법 전반에 적용된다. 이와 달리 수년간 내가 속독을 하면서 깨달을 점은 독서의 성격, 즉 목표에 따라 알맞은 기술을 써야 한다는 것이다. 예를 들어, 자기 전 침대에서 소설을 읽을 때 속독을 사용할까? 아마 아닐 것이다. 그럼 내가 이 장을 쓰기 위해 논문들을 리서치할 때는 속독을 사용했을까? 당연히 그랬다.

게다가 수십 년간을 '느린' 방법으로 독서해오다가 속독을 위한 준비를 한다는 건 어딘가 부자연스럽고, 너무나 피곤하게 느껴지기도 한다. 이런 점에 대해 학생들에게 설명하며 내가 자주 하는 비유는 '구부정하게 앉기'이다. 우리는 모두 똑바로 앉아야 함을 안다(더 좋은 건 입식 책상으로 바꾸는 거겠지만). 하지만 여러분 중 90퍼센트 정도는 이 문장을 읽고 나서야 비로소 자세를 고쳐 앉았을 것이다. 속독도 이와 비슷한 면이 있다. 자주, 나는 독서를 위해 자리에 앉으면 '속독을 해야지'라고 되새기곤 한다(이는 앞에서

속독은 손으로 걷는 것과 같다

살펴본, 학습을 위한 적절한 준비 및 마음가짐과도 연관이 있는 자세다).
일단 내가 이 책을 읽는 목표가 정해지면 책을 속독으로 읽을 것
인지, 아닐지를 결정할 수 있다.

그럼 이제부터 어떻게 실제로 속독을 하는지 살펴보기로 하자.

하위발성
⋮

속독이 발명된 이후, 전문가들은 속독의 핵심 중 하나는 바로 하
위발성subvocalization(스스로에게 조용히 말하는 것)을 제거하는 것임을
가르쳐왔다. 다시 말해, 머릿속의 그 '성가신 목소리'를 없애는 것
이다. 목소리는 대략 400~450wpm의 속도로만 말할 수 있다. 하
지만 우리의 뇌는 이와는 대조적으로 짧게는 0.013초 만에 복잡한
이미지와 심벌symbol, 상황을 파악할 수 있다. 따라서 독서를 하며
하위발성을 사용하는 건, 타인에게 사진을 보여주는 대신 말로 설
명하는 것과 비슷하다. 즉, 마치 하이파이의 시각적 정보를 저대
역폭 청각 정보로 저하시키는 격이다. 그렇다면 내면의 목소리만
없앤다면 장애물이 사라지는 걸까?

현실은 그렇게 단순하지 않다. 연구에 따르면, 우리의 언어 처리

방식 때문에 하위발성을 완전히 없애버리기란 불가능하다. 그렇다고는 해도 하위발성을 크게 감소시키는 것은 가능하다. 우리가 읽는 글자들의 아주 적은 양만 하위발성하는 법을 배우는 것이다. 그렇게 하면 아무리 어려운 내용을 읽을지라도 속독 능력이 크게 개선된다. 나의 강의 프로그램에서는 이런 과정을 '음속 장벽 파괴하기breaking the sound barrier'라 칭한다. 마치 음속인 마하에 도달하는 것처럼 우리는 이 과정에 도달하기 위해 연습해야 한다.

더 강한 주시

잠시, 당신이 이 페이지를 읽는 방식에 주의를 기울여보라. 당신은 자신의 눈이 부드럽게 움직이고 있다고 생각하겠지만, 실은 그렇지 않다. 또, 그럴 수도 없다. 어떤 움직이는 물체를 주시하는 게 아닌 이상, 우리의 눈은 부드럽고 일관된 움직임을 만들지 못하기 때문이다. 한번 시험해보라. 이 줄의 첫 글자부터 시작해 문장의 끝까지 부드럽게 눈을 움직여 읽어보는 것이다. 당신은 눈이 부드러운 한 동작으로 움직였다고 생각할지 모른다. 그러나 이 동작은 수많은 작고 빠른 눈의 움직임으로 구성된다. 그래도 석연치 않

속독은 손으로 걷는 것과 같다

다면 손가락을 눈앞에서 흔들고, 그 움직임을 눈으로 따라가보라. 그리고 조금 전 문장을 읽을 때의 눈 움직임과 비교해보라. 차이가 느껴지는가?

부동의 물체들을 응시할 때 우리의 눈은 고정된 상태로 집중한다. 이렇게 눈이 특정 물체에 강력히 고정될 때 이를 주시fixation라고 한다. 또, 한 번의 주시로부터 다음 주시로 가는 눈의 빠르고 정확한 움직임을 안구운동이라고 칭한다. 여기서 놀라운 점이 있다. 시력을 안정적으로 유지하고 헤매는 것을 방지하기 위하여, 눈이 운동을 할 때 우리의 뇌는 우리의 시선을 차단한다. 그리고 우리가 의식하지는 못하지만 새로운 주시를 시작하면 조금 전에 보던 형상이 다시 복구된다. 이러한 현상을 바로 '단속성 차폐saccadic masking' 혹은 '단속성 시력 상실saccadic blindness'이라고 한다. 이는 즉 당신이 이 페이지를 응시하는 시간의 상당 부분 동안 당신의 눈은 뇌에 아무런 추가 정보도 입력하지 않음을 뜻한다.

안타깝게도, 이러한 단속성 차폐 현상을 막을 수 있는 방법은 거의 없다. 다만, 단속성 차폐 현상에 쓰는 시간을 조금 축소할 수는 있다. 평범한 독자라면 한 단어당 한 번의 주시를 한다. 따라서 한 줄을 읽는 데 약 여덟 번의 주시를 하는 셈이다. 그러니, 단속성 차폐 현상에 쓰는 시간은 상당히 긴 편이다. 그런데 만약, 한 줄당 한

두 번의 주시만 하도록 훈련한다면, 단속성 차폐 현상에 쓰는 시간은 훨씬 단축될 것이다. 이런 식이면, 더 많은 정보를 더 빨리 흡수할 수 있지 않겠는가.

이를 훈련하는 방법은 바로 슐츠 표Schultz table을 이용하는 것이다.

1	13	24	17	8
10	5	23	20	12
9	4	3	14	2
16	6	25	11	15
7	18	19	21	22

슐츠 표는 마치 완성된 스도쿠 퍼즐처럼 격자판에 숫자가 들어간 표이다. 사용법은 간단하다. 표의 가운데 상자를 응시하되 직접적인 시야의 밖에 무엇이 있는지를 보려고 노력하라. 당신이 시선을 집중하는 한가운데, 즉 '중심와 fovea(망막에서 시야의 중심부)'

속독은 손으로 걷는 것과 같다

에 무엇이 있는지를 인지할 뿐만 아니라 시야의 밖에 있는 흐릿한 주변, 즉 '부중심와 parafovea'까지 파악하는 것이다.

사실 이런 훈련은 논란의 여지가 있다. 한편으로는, 책을 읽을 때 그다음 줄을 미리 본다는 속독가들의 주장은 터무니없다는 연구도 있다. 하지만 또 한편으로는, 수많은 연구들이 중심와 바로 뒤의 본문을 숨기면 독해 속도가 심각하게 느려진다고 보고한 바 있다.[12] 이로부터, 우리는 독자들이 효과적인 독해를 위해 정확히 한 번에 주시하는 단어 이외의 정보도 동시에 읽음을 알 수 있다.[13] 물론, 두 줄을 일시에 읽을 수는 없다. 심지어 한 번의 주시에 한 문장도 채 다 읽지 못할 것이다. 하지만 두세 번의 주시로 한 줄을 다 파악하는 법을 배우면 무척 큰 도움이 될 것이다. 즉, 한 번의 주시에 2~4 단어를 읽는 것이다.

주시의 최적화
⋮

2~4 단어라는 큰 덩어리를 한 번의 주시로 습득하는 법을 배우면, 불가피하게 첫 번째 그리고 마지막 주시가 꽤나 시간 낭비라는 걸 깨달을 것이다. 어쩐지 나의 아버지가 "책에서 검은 쪽을 읽

어라, 흰 쪽을 읽지 말고"라고 자주 농담하셨던 게 생각나는 대목이다. 대부분의 독자들은 한 줄을 읽을 때 중심와에 첫 번째 단어의 첫 글자를 고정시킨 뒤, 마지막 단어의 마지막 글자를 고정시킨다. 그렇게 하면, 첫 번째와 마지막 주시에서 집중 범위의 반이 텅 빈 흰 종이에 낭비되는 셈이다. 당연히 페이지의 여백에는 당신이 무언가를 써놓은 게 아닌 이상 아무런 정보가 없다. 이 때문에 대부분의 속독가들은 첫 주시를 두 번째 글자에 처음 고정시킨 뒤, 마지막 주시에는 끝에서 두 번째 글자에 고정시킨다. 다음 그림에서처럼 말이다.

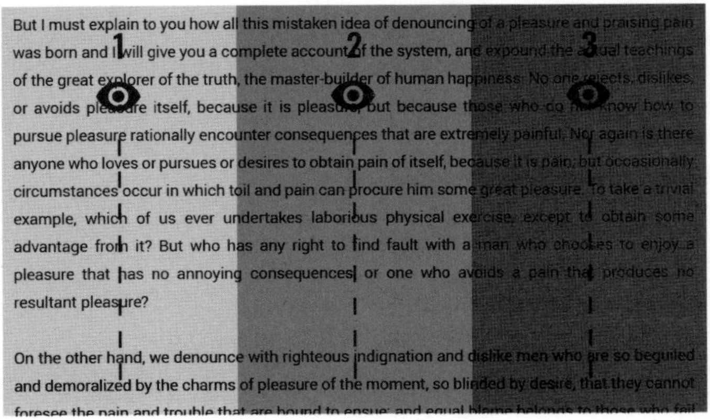

사실, 이게 속독의 비법이라 해도 과언이 아니다.

속독은 손으로 걷는 것과 같다

무척 간단하게 들리지 않는가? 그러나 실행하기는 그리 녹록치 않다. 학생들은 이 하나의 기술을 배우는 데만 몇 개월을 보낸다. 게다가 이 방식을 계속 사용하지 않으면 실력이 녹슬게 된다.

이 때문에 나의 강의에서는 '점진적 과부하progressive overload'라는 접근법으로 학습할 것을 권한다. 점진적 과부하는 원래 역도에서 사용하는 개념이다. 즉, 능력이 업그레이드되는 경계선에서 훈련을 하고, 다음 단계에 익숙해지면, 적응하는 것을 일컫는다.

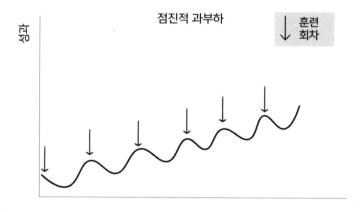

이 개념을 속독에 적용하면 겨우 이해할 정도의 속도로 읽는 것을 뜻한다. 많은 속독 강의에서는 600wmp 이상의 속도로 글을 읽을 것을 권한다. 하지만 이런 방식으로는 점진적으로 독해 능력이 향상될 기회가 없다. 그래서 나는 점진적인 레벨업을 할 것을 추천하는 것이다. 한번 생각해보라. 헬스장에서 곧바로 200킬로그램의 바벨을 들지는 않는다. 대신, 도전이 될 만한 무게의 바벨을 한두 번 우선 들어본다. 그러고 나서 다섯 번을 드는 데 성공하면 비로소 다음 바벨로 옮기는 것이다. 속독에서도 이런 식으로 해야 한다.

속독을 처음 시작할 때는 색인카드로 읽은 구간을 표시해가며 읽어보라. 그러면 읽고자 하는 속도를 정하는 데 도움이 된다. 처음에는 겨우 350wpm의 속도 정도로 읽을 수 있을 것이다. 이를 위해서는 책 한 페이지를 읽는 데 몇 초가 소요되는지를 우선 파악해야 된다. 일반적인 책이라면 약 50초 정도가 소요된다. 그러니 스스로에게 50초를 주고 그 안에 한 페이지를 읽어보는 것이다.

처음에는 아무것도 제대로 이해가 안 되는 기분이 들 수 있다. 그러므로 책을 읽으면서 가끔씩 멈추고 책의 내용에 대해 퀴즈를 만들어 스스로 질문해보는 게 유용하다. 책의 한 섹션이나 한 장이 끝날 때마다 당신이 흡수한 내용에 대한 디테일을 나열해보는 것이다. 그리고 다시 페이지를 앞으로 넘겨 이 디테일들이 사실과 부합하는지를 확인해본다. 이런 식으로 하면 점차 독해 능력이 개선된다. 전보다 훨씬 더 독해 능력이 좋아졌다고 스스로 생각할

속독은 손으로 걷는 것과 같다

만큼. 그런 생각이 들면 한 단계 속독의 속도를 높일 때가 왔다는 신호다.

이렇게 다양한 속독 훈련을 하면서도 이 장에서 배운 측면들을 소홀히 하면 안 된다. 즉, 책을 본격적으로 읽기 전에 한 장을 미리 읽기 하고, 그 구조를 살피며, 내용에 대한 질문을 형성해보는 것이다. 또, 각 문단 및 각 페이지를 속독으로 읽은 후에는 잠시 멈춰서 내용을 회상한다. 그리고 배운 내용을 상징하는 마커를 창조해 본다. 한 장을 다 읽으면 책을 닫고, 창조한 마커를 떠올린다. 그리고 읽은 내용에 대해 구간 반복학습을 적용해 복습을 한다. 이런 단계들을 완성하지 않으면(특히 기억법에 관한 부분을), 내가 이런 독서법을 발견하기 전의 부족한 독해 성과밖에 기대할 수 없다.

속독을 연습하고 마스터하는 데는 몇 주, 심지어 몇 달이 걸릴 수도 있다. 하지만 좌절하지 않길 바란다. 천천히 점진적으로 속도를 증가시키고 훈련을 이어나가면 된다. 그러다보면 어느 순간 그 비법을 파악하게 될 것이다. '음속 장벽을 파괴하고', 정보를 700wmp의 속도로 흡수하게 될 것이다.

그런 때가 오면 자축하길 바란다. 하지만 이 새로운 기술을 계속 사용하지 않으면 퇴화된다는 것도 반드시 명심하라.

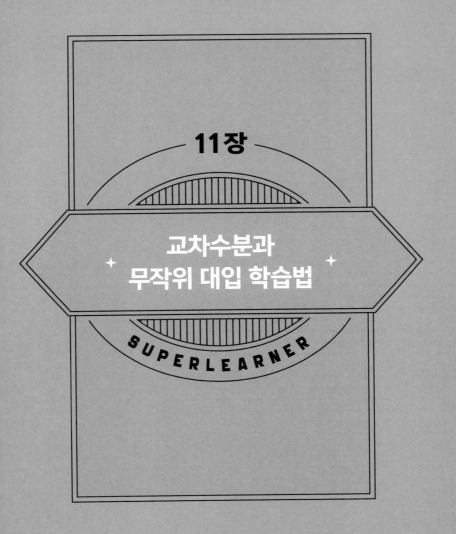

11장

교차수분과
무작위 대입 학습법

SUPERLEARNER

이제 공부를 향한 당신의 열정이 더 쉽고 빠르게 배우는 학습법으로 빛을 발할 준비가 됐을 것이다. 마치 뷔페식당에 도착한 배고픈 여행객 같은 느낌이 들지 않는가? 당신 앞의 새로운 과목과 책, 강의 등 모두가 흥분되는 도전 과제이다. 내가 안나와 레브의 강의를 막 마쳤을 때처럼 바로 공부에 뛰어들지 모른다. 마치 이 나무 저 나무를 넘나드는 원숭이처럼 눈에 보이는 모든 것을 닥치는 대로 흡입하는 것이다.

하지만 나를 포함한 많은 학생들이 이런 경향을 자책하고는 한다. 이들의 가장 큰 불만은 하나의 과목, 책, 강의, 혹은 분야에 집중하기가 힘들다는 것이다. "먼저 시작한 걸 끝내기만 한다면 다음 과목으로 건너갈 수 있을 텐데. 도대체 왜 집중이 안 될까요?"
라고.

하지만 나는 한 과목에서 다른 과목으로 건너뛰는 학습에는 굉
장한 장점이 있다고 감히 주장하겠다. 나아가 다수의 원천으로부
터 다수의 과목을 배우는 것이 하나만 배우는 것보다 더 바람직
하다고 말이다.

우선, 이렇게 '한 과목에서 다른 과목으로 건너뛰는' 학습 성향을
좀 더 간단히 설명해보겠다. 내가 한창 학습 능률이 오르던 시기
에 공부량이 상대적으로 많지 않을 때였다. 당시 나는 이것저것을
공부하며 매일 새로운 과목에 도전하곤 했다. 하루는 앞서 말한
대로 러시아어에 꽂히는가 하면 다음 날은 피아노 배우기를 시도
했다. 주말이면 한번 앉은 자리에서 자서전 한 권을 완독했다. 또,
올림픽 역도를 연습하는 한편 공원에서 여섯 시간 동안 아크로요
가에 매진하기도 했다.

매우 번잡하게 들리지 않는가?

그런데 나는 이로부터 큰 깨달음을 얻었다. 무엇이든 배우면 다
른 분야를 배울 때 도움이 된다는 사실이었다.

우선, 새롭고 특이한 과목에 대해 배우면 온갖 새로운 지식에 자
신을 노출시키게 된다. 그러면 새로운 정보를 받아들이는 내면의

능력이 확장되는 결과를 낳는다. 예를 들어, 겉보기에 음악이라는 과목은 곡예나 법률 과목과 상당히 다르지만, 배움의 폭을 넓혀 다양한 과목을 배우면 더 다양한 학습 기술을 익힐 수 있게 된다. 뿐만 아니라 슈퍼러너인 당신에게는 '고정점'으로 활용할 수 있는 선지식이 훨씬 늘어나는 셈이기도 하다. 한 번도 외국어나 악기를 배워본 적이 없는 이에게 이를 배운다는 것은 기념비적인 업적이다. 하지만 이미 4개국어를 하거나 네 개의 악기를 다룰 줄 아는 이에게는 훨씬 더 쉬운 일이다. 교차crossover 학습 되는 부분이 많기 때문이다.

여기서 알아둘 점은, 교차학습은 같은 분야에만 국한되는 게 아니라는 것이다. 인간의 모든 지식은 어떤 면에서 서로 연결된다. 다른 유형의 학습으로 이어지지 않고 무언가를 배우는 것은 거의 불가능한 것이다. 나는 아크로요가를 배우기로 결심했을 때 그 자매격인 곡예도 접하게 됐다. 현란한 포즈와 공중제비를 비롯한 일련의 동작들로, 나는 이에 대해 전혀 아는 바가 없었다. 하지만 다행히 올림픽 역도, 핸드 밸런싱hand balancing, 신체운동학에 대해서는 아는 게 많았다. 그 덕분에 이에 대한 내 선지식을 많이 '이월carry over'시킴으로써 학습 곡선learning curve(시간에 따른 학습 변화를 나타낸 그래프)을 크게 압축시킬 수 있었다. 그저 체중 이동, 생체역

교차수분과 무작위 대입 학습법

학과 균형에 대한 나의 선지식을 생소해 보이는 곡예라는 분야에 활용하면 되었다. 그렇게 하니 꽤 빨리 나는 아크로요가에 두각을 낼 수 있었다.

슈퍼러너 학습법에서는 이런 교차학습 과정을 '교차수분Cross-Pollination'이라고 부른다. 교차수분이란 한 과목의 학습이 다른 과목의 학습에서 예상치 못한 중대한 이점으로 작용하는 현상이다. 그러니, 가능한 한 다양한 과목을 마음껏 공부해야 할 이유가 있는 셈이다. 뿐만 아니라 교차수분을 당신의 학습 향상을 위한 전략으로 사용할 수 있다. 골프를 더 잘 치고 싶은가? 골프채는 잠시 내려놓고 신체역학과 물리학, 신체운동학에 대한 책을 집어 들어보라. 더 나은 협상가가 되고 싶은가? 몸짓언어와 심리학, 거울신경mirror neuron(타인의 활동을 관찰할 때 활성화 되는 뉴런)에 대한 강의를 몇 개 들어보라. 이런 식의 예는 끝도 없다.

교차수분에는 또 다른 중요한 이점이 있다. 바로 우리의 학습에 대한 열정을 실시간으로 활용할 수 있다는 점이다. 앞서 언급했듯, 살면서 우리는 별로 내키지 않은 공부도 해야 할 때가 있다. 이런 공부 앞에서 왜 우리의 열정과 열성, 동기가 사그라져야 하는 걸까? 만약 오늘 기타 연주를 배우기 싫고 대신 외국 영화를 간절히 보고 싶다면 당장 그렇게 하길 권한다. 학습을 향한 동기와 열성은 소중한 자원이다. 만약 이런 자원이 내면에 살아 있다면 주저 말고 이를 이용해야 한다.

이처럼 교차수분은 한 과목에서 다른 과목 학습으로의 전환을 좀 더 자유롭게 한다. 그런데 한 과목 내에서의 배움의 전환은 어떨까? 나는 러시아어를 공부하기 시작했을 때 마음을 잡고 하나의 러시아어 교재에만 집중할 수가 없었다. 학습의 원천이 너무나 다양했기 때문이다. 심지어 러시아어로 된 〈위니 더 푸Winnie the Pooh〉 만화영화까지 보기 시작했다. '뭐라도 배우겠지' 하는 마음으로(맘껏 웃고 싶다면 이 만화영화를 적극 추천한다). 그래서 이런 것

교차수분과 무작위 대입 학습법

이 효과가 있었을까? 글쎄, 그저 러시아어 교재 하나를 집어서 처음부터 끝까지 완파하는 게 낫지 않을까?

절대 그렇지 않다. 학습을 할 때 우리의 뇌는 한 과목에 대해 우리가 습득하고 이해하는 모든 것에 신경망을 구축한다. 따라서 아무리 특정 책이나 강의, 강사가 훌륭해도 어느 한 수단만으로는 충분하지 않다. 이렇게 생각해보라. 케일이라는 야채가 몸에 무척 좋다지만 '오로지 케일만으로 된 식단'을 권하는 의사를 찾기는 어렵다. 전체론적인 영양holistic nutrition은 매우 다양한 식단 구성을 요하기 때문이다. 전체론적인 학습holistic learning도 마찬가지다. 심지어 한 과목 내에서도 다양성이 필요하다. 특정 학습 수단이 완전해 보일지라도, 가능한 한 다양한 학습 접근법을 활용하면 여전히 많은 걸 얻을 수 있다. 왜냐하면 같은 개념을 이해하고, 제시 및 설명하는 방식은 사람들 간에 서로 무척 다르기 때문이다. 학습자의 입장에서는 처음으로 노출된 학습 수단이 자신에게 맞춤형인지 알기 힘들다.

내가 고급 기업 금융Advanced Corporate Finance 과목의 한 개념을 이해했던 방식이 생생히 기억난다. 어느 날 오후 나는 인시아드 비즈니스 스쿨의 강의실을 막 나오는 참이었다. 바로 전에 꼬박 한 시간 동안 교수님이 그 개념에 대해 설명하는 강의를 들었다. 그 정도면 내가 그 개념을 완전히 이해했을 법도 했다. 게다가 이 교수님은 직접 교과서까지 쓰신 분으로 그 개념에 대해 세계에서 내로라하는 전문가셨다. 그런데 안타깝게도 내겐 오히려 혼란만 가중되었다. 교과서도 강의도 도통 이해가 되지 않았던 것이다. 어찌할 바를 모르던 나는 도서관으로 가서 헤드폰을 끼고 무료 웹사이트인 칸아카데미kandacademy.com에 접속했다. 이 사이트에서는 같은 개념을 완전히 다른 방식으로 설명하고 있었다. 그런데 내게는 훨씬 더 명확하게 다가왔다. 결국, 불과 15분 만에 나는 그 개념을 완전히 이해하게 되었다. 그렇다고 그 교수님이 실력 없는 강사였을까? 전혀 그렇지 않다. 단지 그 교수님이 그 개념을 이해하고 설명하는 방식이 학생인 내게 이해가 잘 안 됐을 뿐이다. 어쨌든 그 교수님의 방식으로만 학습하려고 했으면 여전히 교실에서 머리를 쥐어짜고 있었을지 모른다.

슈퍼러너 학습법에서는 이런 접근법을 '무작위 대입 학습'이라 칭한다. '무작위 대입 학습'이라는 용어는 내가 현명한 사업가인 마탄 그리펠Mattan Griffel로부터 배운 것이다. 마탄은 '무작위 대입brute force'이라는 용어를 컴퓨터 해킹 분야에서 익혔다고 한다. 컴퓨터 해킹에서의 '무작위 대입'이란, 대상을 가능한 한 여러 관점에서 공격해서 그에 대한 완전한 접근성을 확보하는 것을 뜻한다.

교차수분과 무작위 대입 학습법

이로부터 파생된 '무작위 대입 학습'은 한 과목을 여러 관점에서 학습하여 완벽한 이해를 얻는 학습법이다.

무작위 대입 학습에는 여러 효과적인 이점이 있다. 우선, 학습 대상에 대해 여러 관점에서 접근하면 더 전체론적인 이해를 얻을 수 있다. 당신이 삶에서 마스터한 것들을 떠올려보라. 그러기까지 한 권의 책이나 하나의 강의만 거친 건 아닐 것이다. 처음 새로운 개념에 노출되었을 때 당신의 뇌는 이 새로운 개념이 당신의 세계관에 어떻게 들어맞는지에 대한 어설픈 이해만 한다. 이 개념을 연결할 선지식을 보유하지 않았기 때문이다. 당신은 마치 지푸라기라도 잡듯 이미 알고 있는 것들과 연결시키려고 안간힘을 써볼 것이다. 하지만 시간이 지날수록 디테일에 반복적으로 노출된다면? 당신의 뇌는 그 디테일이 큰 그림에 어떻게 들어맞는지를 파악한다. 비로소 새로운 정보 조각은 선지식에 연결되고, 뇌는 더 강한 신경망을 구축한다. 그 결과 훨씬 완성된 이해를 하게 되는 것이다.

더욱이 마탄에 따르면, 무작위 대입 학습Brute Force Learning은 첫 학습에서 모든 걸 다 이해할 필요가 없음을 보여준다. 여기엔 숨겨진 이점이 있다. 앞서 살펴보았듯, 구간 반복학습과 과잉학습을 할수록 장기간 정보를 기억할 확률이 높다. 그런데 무작위 대입 학습은 바로 과잉학습의 일종인 것이다. 다만 같은 교과서 읽기를 계속 반복하거나, 같은 강의를 재시청하는 단조로움이 없을 뿐이다. 따라서 전반적으로 무작위 대입 학습은 학습에 대한 부담감을 많이 덜어준다. 뿐만 아니라 처음에 모든 걸 파악하지 못해도 자괴감을 느낄 필요가 없게 된다.

이 학습법을 내가 중학교 때 깨달았었더라면 좋았을 법했다.

다음에 어떤 과목을 배우려고 할 때 단 하나에 몰두해서 학습하지 않길 바란다. 학습 계획을 짤 때 다양한 원천과 관점을 수용하고, 또 주변 과목도 함께 배워보라. 삼천포로 빠지고, 숲에서 길을 잃어보는 것이다. 그러면 앞서 말콤 놀스가 주장한 자아 개념을 충족하는 데도 도움이 될 것이다. 그뿐 아니라 전체적인 학습 이해력이 향상되고, 지루함과 좌절감은 훨씬 덜게 될 것이다.

교차수분과 무작위 대입 학습법

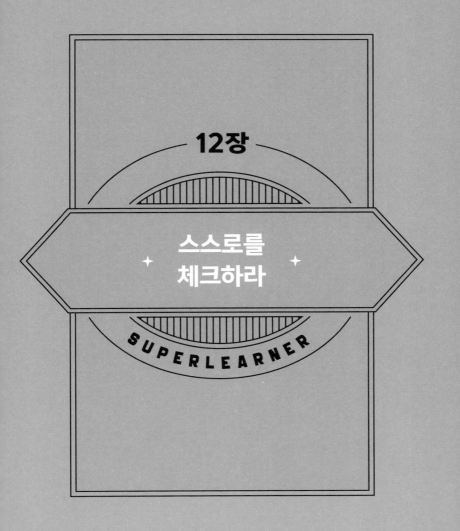

12장

스스로를
체크하라

SUPERLEARNER

"스스로를 속일 수 있다는 걸 알잖아. 불가능하다고 생각하겠
지만, 실은 세상에서 가장 쉬운 일이야."

_소설가 조디 피코(Jodi Picoult), 『종적을 감추기(Vanishing Acts)』 중에서

살면서 우리는 다른 누구에게보다 자기 자신에게 거짓말을 자
주 한다. 예를 들어, '아침에 일찍 일어나 헬스장을 가야지'라고 되
뇌는 것이다. 그러지 않을 걸 잘 알면서도 말이다. 이런 악의 없
는 거짓말은 지극히 정상이다. 나아가 그 자체로 가치 있는 기술
이기도 하다. '모든 게 다 괜찮아질 거야'라든가 '모든 일에는 다
그럴만한 이유가 있어,' '나쁜 일도 결국은 다 괜찮아질 거야'라고
스스로를 '속이는' 건 감정적 회복력emotional resilience의 중요한 부분
이기 때문이다. 심리학자들은 이런 태도를 '인지적 재구성cognitive
reframing'이라 명명했다. 이는 좀 더 행복하고 균형 잡힌 사람이 되
기 위한 기술 중 하나이다.

스스로를 체크하라

그럼 학습에서라면 어떨까? 사실 학습에서 이런 거짓말은 학습 과정에 방해물이 될 수 있다. 우리는 실제로 배우지 않은 경우에도 무언가를 배웠다고 생각하기 십상이다. 적어도 우리가 원하는 수준까지 배우지 않았음에도 착각하는 것이다.

1940년대에 교육심리학자인 벤저민 블룸Benjamin Bloom과 그의 연구팀은 '학습의 위계이론hierarchy of learning'을 개발했다. 이들은 대상을 단순히 암기하는 것과 이해하는 것에는 큰 차이가 있음을 인지했다. 나아가 대상에 대해 비평적으로 사고하는 것은 더욱 다르다는 것도 알게 됐다. 그 후 16년간 블룸과 동료들은 학습 위계이론을 더욱 정교화했다. 그리고 마침내 1956년에 이들은 『교육 목표의 분류 체계Taxonomy of Educational Objectives』라는 저서를 출간했다. 이는 '블룸의 분류 체계Bloom's Taxonomy'로 더 널리 알려졌다.

그 이후, 블룸의 분류 체계는 다양한 교육철학의 근간이 되어 왔다. 또, 연구원들과 블룸의 학생들은 이 체계를 더욱 가다듬어 2001년에 신판을 출간하기도 했다.

블룸의 분류 체계의 가장 기본적인 모양은 다음과 같다.

블룸의 분류 체계

창조	**새로운 업적을 생산:** 디자인, 조립, 구축, 예상, 개발, 저작, 탐색	
평가	**입장 및 결정에 대한 합리화:** 평가, 논쟁, 변호, 판단, 선택, 뒷받침, 가치평가, 숙고	
분석	**개념들 간의 연결성 찾기:** 분류, 조직, 연결, 비교, 대조, 구별, 검토 실험, 질문, 테스트	
응용	**새로운 환경에서 정보 활용하기:** 실행, 시행, 문제해결, 사용, 입증, 해석, 운영, 스케줄, 스케치	
이해	**사상 및 개념을 설명하기:** 구분, 묘사, 논의, 설명, 확인, 지정, 인식, 보고, 선택, 해설	
기억	**사실 및 기본 개념을 회상하기:** 정의, 재연, 목록, 암기, 반복, 명시	

피라미드는 가장 낮은 칸인 '기억'으로 시작한다. 기억이란 기초 단계에서 무언가를 회상해내는 능력이다. 여기서 기억은 '인식recognition'과는 다름을 염두에 두길 바란다. 어떤 대상에 대해 말하고 싶어 목구멍 끝까지 올라왔지만, 회상에 실패한 적이 있지 않은가? 누군가가 대신 답을 해줘야 기억나는 상황 말이다. 아마 "그래, 바로 그거였어!"라고 외칠 것이다. 바로 그게 인식이다. 하지만 인식은 회상과는 상당히 다르다. 무언가를 실제로 '안다'고 할 때는 인식뿐 아니라 그 대상에 대해 고차원의 사고를 응용할 수 있어야 한다. 바로 이 때문에 '인식'은 분류 체계에 포함되지 못했음이 짐작된다.

스스로를 체크하라

이제, 피라미드의 다음 칸으로 올라가보자. 여기서부터는 훨씬 더 고차원적 단계의 사고가 시작된다. 특정 정보를 기억하고 나면, 그다음 단계는 이를 이해하는 것이다. 그 정보가 어떤 종류의 지식을 나타내는지 분류할 수 있는가? 혹은 무슨 내용인지 직접 말로 설명 가능한가? 또, 그에 대해 다른 이들과 함께 논의할 수 있는가?

이런 사항들이 가능하다면, 그다음 단계는 정보를 응용하는 것이다. 우리는 주변에서 책으로 지식을 쌓은 이들을 많이 안다. 이들은 언제라도 특정 사실 및 도표에 대해 당신에게 상세히 설명해준다. 하지만 이런 지식을 직접 응용하는 부분은 어떨까? 여전히 그저 말뿐일 때가 많을 것이다. 그 이유는, 특정 지식을 응용하려면 한층 더 고차원의 지식이 필요하기 때문이다. 언제 어떻게 그 정보가 사용될 것인지를 알아야만 하는 것이다. 이 단계에서는 이론적인 지식에서 응용지식으로의 중요한 전환이 일어난다. 우리가 지향해야 할 것은 사실 후자가 아닐까?

그다음부터는 정말로 고차원적인 단계가 시작된다. 바로 '분석' 단계이다. 특정 정보를 비평적인 시선으로 바라보고, 다른 정보 및 아이디어와 비교하고 분석할 수 있는가? 또, 정보를 깊이 있게 검토해서 중요 부분으로 분류하고, 그에 대해 새로운 사고법을 창조할 수 있는가?

이쯤이면 우리는 특정 정보에 대해 전체적 혹은 부분별로 철저히 이해를 하는 상태다. 그렇다면 이제 스스로에게 물어볼 차례다. 이 정보에 대해 평가할 수 있는가? 또, 그 정보에 대해 비평하고, 타당성에 대해 숙고할 능력이 있는가? 정보의 논점을 뒷받침하거나, 혹은 정보를 아예 무시해버릴 것인가?

블룸의 분류 체계에서 최상의 단계는 '창조'이다. 바로 이 단계가 2001년의 신판에서 크게 바뀐 부분이다. 사고 및 아이디어를 이해하는 것, 나아가 이를 비평 및 평가하는 것은 자기 고유의 사고를 창조하는 것과는 완전히 다르다. 이 단계에서는 한 주제에 대해 충분히 파악했기에 자신만의 관련 업적을 창출할 수 있다. 간단히 말해서, 음악 애호가와 자신의 음악을 직접 작곡하는 이 정도의 차이다. 또 좀 더 고차원적으로 말하자면, 석사학위와 박사학위 간의 차이가 될 수 있다. 전자는 타인의 연구를 학습 및 분석만 하면 되지만, 후자는 자신만의 창의적인 사고로 특정 분야에 기여한다.

블룸의 분류 체계는 '학습learning', '알기knowing', '이해하기understanding'라는 용어들이 실제 학습에서 벌어지는 상황에 비해 지나치게 단순화돼 있음을 시사한다. 어쩐지 이론물리학자인 막스 플랑크Max Planck에 대한, 진위가 불분명한 일화가 떠오르는 대목이다. 플랑크는 노벨상을 수상한 뒤 독일 전역을 돌며 양자역학에 대한 동일한 표준 강의를 했다. 그러던 어느 날, 강의 내용을 몽땅 외운 플랑크의 운전기사가 플랑크에게 하루만 서로 자리를 바꿔 보지 않겠냐는 제의를 했다. 결국 운명의 날이 되었고, 플랑크는 운전기사의 모자를 쓰고 청중석에 앉았다. 운전기사는 한 치의 오차도 없이 강단에서 강의를 했다. 그런데 문제는 강의 후였다. 어느 물리학 교수가 일어서서 구체적이고 복잡한 질문을 던진 것이었다. 이에 대해 운전기사는 어떻게 대답했을까? "그런 기초적인 질문을 뮌헨 같은 발전한 도시에서 듣게 되다니 놀랍군요. 내 운전기사에게 답하도록 하겠소!"

하지만 어떤 분야에서 자신이 어느 정도의 수준인지를 어떻게 결정할 수 있을까? 내 수준이 플랑크 수준의 지식인지, 운전기사 수준의 암기력인지를 어떻게 구분할까? 다시 말해, 한 분야를 마스터 했다고 믿는 착각에서 벗어나 실제로는 초기 이해 단계일 뿐임을 어떻게 깨달을까?

그 답은 당연히 여러 실용적인 방법으로 스스로를 시험해보는 것이다.

시험은 요즘 그다지 좋은 평가를 받지 못하는 듯하다. 학교에서 시험을 치르는 방식을 보건대, 어찌 보면 당연한 일이다. 학생들은 시험을 치르자마자 그 내용을 거의 까먹곤 한다. 게다가 시험들은 대개 객관식이다. 창의적인 고유의 사고를 요하는 몇몇 시험을 제외하고는 말이다.

하지만 특정 종류의 시험들은 당신에게 강력한 학습 도구가 될 수 있다. 많은 연구들이 자가 시험self-testing, 그리고 조별 합동 퀴즈가 학습을 상당히 진척시킨다고 밝힌 바 있다.[14] 예를 들어, 퍼듀대학교의 한 연구에서는 추론과 고난도의 이해를 요구하는 시험을 보는 것이 꾸준한 공부보다도 효과적이라는 결론을 내리기도 했다.[15] 한편, 2008년에는 또 다른 연구팀이 새로운 단어를 익히는 두 가지 전략을 연구했다. 연구팀은 첫 번째 참가자 조에는 스스로 단어퀴즈를 내보도록 했고, 두 번째 조에는 계속 공부와 복습을 반복하도록 했다. 그 결과는 상당히 놀라웠다. 스스로 퀴즈를 낸 첫 번째 조가 두 번째 조에 비해 단어를 거의 80퍼센트나 더 많이 기억했던 것이다.[16]

물론, 아무도 당신에게 학습시간의 반을 스스로의 지식을 시험하는 데 쓰라고 요구하진 않는다. 그렇게 하는 건 사실 비현실적이고 지루한 일이니까. 더욱이 여태껏 자가 시험이라고 해봤자 단순히 암기카드로 테스트하는 수준 정도였을지 모른다. 혹은, 미리 만들어진 퀴즈를 온라인에서 다운받는 방법도 있다. 예를 들어,

스스로를 체크하라

대중에게 공개된 대학 시험지나 학습 사이트의 무료 퀴즈 등이다. 자가 시험을 통한 학습 증진에는 아마 이것이 최선의 방법 중 하나일 것이다.

하지만 좀 더 솔직해져보자. 여러분 중 몇 명이나 치르지 않아도 되는 시험을 자발적으로 치르겠는가?

물론 당신을 탓하진 않는다.

그러면, 대체 자가 시험의 이점을 어떻게 활용할 수 있을까? 시험에 대한 고등학교, 대학교 때의 악몽을 되살리지 않으면서.

우리의 좋은 친구인 말콤 놀스 박사를 다시 한번 언급하겠다. 성인학습자들은 어떤 학습이든 당장의 응용과 급박한 필요성이 있어야 훨씬 효과적으로 배운다는 그의 말이 기억나는가? 아마도 이 때문에 시험이 그렇게 학습에 도움이 되는 듯하다. 시험의 포맷 그 자체보다는 말이다. "학습은 관람하는 경기가 아니다"라는 말도 있지 않은가. 그렇다면 빠르고 재미있는, 무엇보다 효과적인 자가 시험을 직접 개발해보는 건 어떨까?

당신이 피아노를 배운다고 가정해보자. 당신은 어느 정도까지 실력을 끌어올리고자 한다. 이때 과외선생을 고용해서 당신의 피아노 실력을 테스트 받을 수도 있다. 하지만 그런 테스트는 당신의 분석력, 창의적 사고, 나아가 창조력을 요하는 시험보다는 훨씬 덜 엄격할 것이다. 그 대신, 친구 생일날 친구가 가장 좋아하는 곡을 쳐서 자신의 능력을 테스트 해보는 건 어떨까? 그보다 더 좋은 방법은 친구를 위해 창작곡을 만들어보기로 하는 것이다. 그렇게 하면 조표나 템포 등 당신이 배운 모든 것을 시험해볼 좋은 기회가 된다. 아마 따분한 온라인 퀴즈보다 훨씬 더 보람찬 테스트가 될 것이다.

수년 전, 나는 아일랜드의 다중언어구사자인 베니 루이스Benny Lewis를 인터뷰한 적이 있다. 그는 『3개월 안에 유창해지기Fluent in 3 Months』라는 책의 저자이기도 하다. 그에게 외국어 습득의 비법을 묻자 그는 한 기술을 가르쳐주었는데, 아직까지도 내 마음에 강력히 남아있다. 베니의 기술은 바로, 외국어를 배우는 첫날부터 말을 해보는 것이었다. 아는 게 채 몇 단어 안 될지라도 말이다. 공부를 하고 또 해서 외국어 실력을 근사하게 선보이려는 생각은 접어두라. 베니에 따르면, 밖에 나가 원어민과 즉각 대화를 하는 것은 끊임없는 배움과 테스트의 반복이 될 거라고 충고했다.

나는 이 개념이 무척 마음에 들었다.

우선, 이 기술로는 '조건 걸기'의 기준이 높아지는 셈이다. 외국어를 배우는 첫날부터 말을 한다면, 원어민 대화 상대에 의해 끊임없이 테스트를 받는 기분이 들 것이다. 그러면 거의 즉각적인

스스로를 체크하라

피드백이 수없이 쌓이게 될 테고, 이를 인상 깊게 기억하게 될 것이다. 이렇게 한번 생각해보라. 볼링을 더 잘 치고 싶지만, 어둠 속에서만 볼링을 쳐야 한다면 어떨까? 볼링 게임 전체를 눈앞이 캄캄한 채 치겠는가, 아니면 매 라운드가 끝날 때마다 불을 켜고 자세를 고쳐가며 치겠는가? 아마도 후자를 택할 것이다. 가능한 한 빨리, 자주 피드백을 받는 쪽을 택할 확률이 크다. 우리가 새로운 과목을 학습할 때도 같은 선택을 하지 않겠는가?

내가 불필요한 러시아어 단어들을 외우느라 낑낑댈 동안, 베니 루이스는 현실세계에서의 대화를 통해 어떤 단어들이 필요한지를 즉각 깨달았다. 또, 내가 러시아어 문법의 중요 부분을 놓치는 동안 베니는 초기에 실제 대화를 통해 동일 문법의 필요성을 알아차렸다. 베니는 이런 식으로 늘 자가 시험을 거친 것이다. 그렇게 해서 자신이 어떤 단어 및 문법 구조가 부족한지를 깨달았다. 이는 마치 학생들이 연습시험을 통해 스스로의 취약점을 보충하는 것과 비슷하다. 만약 매일 시험을 치르는 경우라면 말이다. 여하튼 이런 식으로 베니의 외국어 공부는 일취월장했다. 그가 공부에 쓴 시간은 1분도 낭비되지 않은 채.

이런 식의 자가 시험은 신속할 뿐 아니라 흥미롭다. 시간 낭비라는 느낌도 들지 않는다. 또, 실용적이며 유용하다. 물론, 좀 더 전통적인 방식의 자가 시험을 원한다면 그것도 의미 있는 것으로 권장할 만하다. 이왕 말이 나온 김에 '시험testing'의 넓은 정의를 생각해보길 바란다. 프로그래밍 언어를 배운다면, 배우고 있는 개념으로 무언가를 실제로 설계함으로써 자가 시험을 해볼 수 있다. 또, 악기를 배운다면 주변인들을 위해서 직접 연주를 해보는 것이 시험이 될 것이다. 이처럼 자가 시험을 설계할 방법은 다양하다. 다만 창의적이고, 기회를 잘 포착해야 한다. 친구들 간의 대화조차 자신의 지식을 테스트해볼 효과적인 수단이 될 수 있다.

 어떤 과목을 배울 때 또 하나의 훌륭한 자가 시험 방법은 그에 대한 글을 써보는 것이다. 책을 출간하거나, 블로그 포스팅으로 올리는 것이다. 이 자가 시험은 그 어느 방식보다 유용하다. 타인에게 가르침을 전수하는 것이기 때문이다.

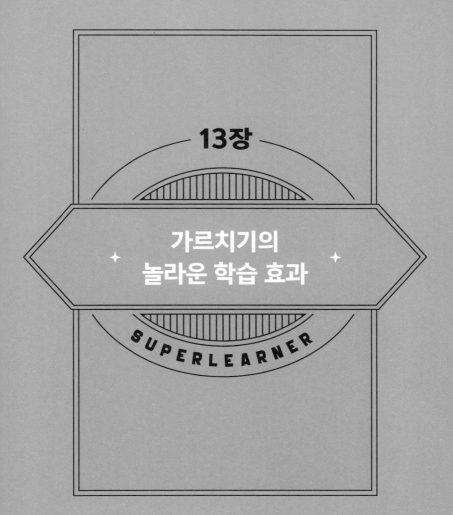

13장

가르치기의
놀라운 학습 효과

SUPERLEARNER

"가르치는 것은 두 번 배우는 것과 같다."

_프랑스 작가 조제프 주베르(Joseph Joubert)

"한 번 가르치는 것은 두 번 배우는 것과 같다"라는 유명한 말을 아마 들어봤을 것이다. 그 바탕에 깔린 개념은 단순하다. 다른 사람을 가르치면 자신의 학습이 강화된다는 것이다. 이는 뇌과학 연구로도 뒷받침되는 사실이다. 뿐만 아니라, 역사상 가장 훌륭한 철학자들의 비장의 무기이기도 하다는 걸 알고 있는가?

남을 가르치는 게 나의 학습이 된다는 개념은 역사 속에서 수많은 이들이 주장한 바이다. 이를 최초로 주장한 사람 중 한 명이 바로 로마의 스토아학파 철학자 소少 세네카였다. 그는 "가르침으로써 우리는 배운다docendo discimus"라는 말을 남겼다. 그런데 이는 단지 이론에 불과한 것이 아니다. 현대의 많은 연구들이 가르침의

가르치기의 놀라운 학습 효과

행위가 학습 및 IQ 증진에 가시적인 성과를 가져옴을 증명한 바 있다.

이 때문에 뇌과학자들은 이런 효과가 정확히 어떻게 생기는지를 이해하고자 했다. 더욱이 이들은 이러한 효과를 학습에 어떻게 적용시킬지를 탐구했다. 그리하여 집안에서 맏이인 학생들, 즉 학생 겸 선생인 이들을 연구 대상으로 삼았다. 심지어 컴퓨터 강의 시뮬레이션에 참여한 중학생들도 연구했다.

그 결과는 놀랍고도 확고했다. 남을 가르치면 자기 자신에게도 크나큰 도움이 된다는 것이었다.

그렇다면 그 이유가 뭘까?

우선, 남을 가르친다는 것은 엄청난 동기를 불러일으키기 때문이다. 무언가를 남에게 가르치기로 결심하는 순간, 스스로의 이해 증진에 박차를 가하게 된다. 갑자기 학생에게 최선을 다해 봉사하겠다는 의지가 생기는 것이다. 가르칠 때 무지로 인한 민망한 장면을 피하겠다는 의지는 말할 것도 없겠지만 말이다. 즉, 가르치기는 자가 시험의 이점을 십분 활용하면서, 조건 걸기를 현실로 옮기는 결과를 낳는다. 이 때문에 앞서 내가 미리 읽기 과정에서 타인과 정보를 공유하는 상상을 해보라 권한 것이다.

하지만 무엇보다, 특정 개념에 대해 나보다 잘 모르는 이에게 이를 가르친다는 것은 학습자인 우리에게 특별한 도전과제가 될 수 있다. 타인들은 나와는 다른 학습 스타일과 호기심, 이해 단계를 지니고 있다. 그 결과, 그들을 가르치려면 우리 스스로의 학습에 대해 더 철저한 이해가 필요하다. 말하자면, 블룸의 분류 체계에서 피라미드의 상위에 올라야 남을 가르칠 수 있는 것이다. 또한 특정 개념을 이해하는 새로운 대안을 상상할 필요도 있다. 그런 후, 더 단순하고 창의적인 방법으로 그 이해를 남에게 전달해야만 한다. 이렇게 개념을 충분히 분석한 뒤 타인에게 설명하면, 가르치는 이는 더 깊은 이해를 하게 된다. 프린스턴대학교의 교수이기도 했던 알베르트 아인슈타인은 가르치기에 대해 이렇게 말했다. "단순하게 설명하지 못한다면, 그것에 대해 잘 알고 있는 게 아닙니다."

마지막으로, 타인을 가르칠 때 우리는 특이한 질문들과 마주하게 된다. 이 질문들은 때로는 우리의 관심 범위를 완전히 벗어나기도 한다. 그렇다고 이런 질문들이 우리의 이해에 덜 중요하다는 것은 아니다. 얼마 전에 나는 블록체인 기술에 관심을 가진 몇 명의 친구들과 대화를 나눴다. 내가 슈퍼러너 학습법으로 6개월간이나 집중 학습했던 분야였다. 그래서 나는 블록체인이라는 복잡한 기술 혁신의 현안을 단순화해서 전달했다. 그렇게 나는 대화의

가르치기의 놀라운 학습 효과

전반 20분 동안 장엄하게 설명했다. 그러자 한 친구가 내게 무척 구체적인 질문을 던지는 것이었다. 너무나 구체적이어서 "모르겠는데"라는 말로 때우기도 애매했다. 블록체인 기술의 그런 면에 대해서는 생각해본 적도 없었으니까. 그 후 나는 곧장 그 답을 찾겠다는 동기가 생겼다. 답을 찾자, 내가 미처 몰랐던 지식의 빈 공간이 채워지는 듯했다. 이 일화는 가르치기의 이점, 즉 배우는 이들은 은연중에 가르치는 이를 시험한다는 것을 여실히 보여준다. 따라서 우리가 모르는지도 몰랐던 부분에 대한 통찰력을 일깨워준다는 것이다.

가르치기는 본질적으로 타인이 나의 학습을 체크하는 것과 비슷하다. 우리는 남을 가르칠 때 내가 얻은 정보를 내가 이해하는 최선의 방식으로 공유한다. 따라서 가르치기는 고난도의 이해와 사고력을 요하는 글짓기 시험과도 별반 다르지 않다. 가르치는 동안 타인에게 우리의 지식이 빈 공간을 찾아달라고 부탁하는 것이나 다름없다. 그리고 배우는 이는 빈 공간을 찾으면 그 부족한 곳으로 돌아가 더 학습하라고 일깨워준다. 더욱이, 학생들은 그런 지적을 점수를 매기는 선생님보다 훨씬 더 친절하게 해주지 않는가. 그것도 무료로 말이다. 상황에 따라 오히려 학생들이 당신의 가르침을 받는 비용을 지불하기까지 한다.

나도 지난 수년간 온라인 강의를 하면서 수천 명의 학생들이 내가 충분히 이해하지 못했거나 미처 고려하지 못한 부분을 짚어내는 상황을 많이 겪었다. 누군가 특정 강의에 대해 질문을 하면 나는 생각하곤 했다. '내가 설명할 수 있을 정도로 이 점에 대해서 잘 알고 있나?'라고. 만약 그렇지 않다면 곧장 리서치를 해서 알아내려는 동기가 생겼다. 사실, 이 장도 별반 다르지 않다. 누군가가 가르치기와 학습의 효과에 대해 내게 물어보지 않았다면 그에 대한 리서치를 하지 못했을 테니까. 비슷하게, 나의 '슈퍼러너 마스터클래스SuperLearner MasterClass' 내용의 상당부분이 학생들의 질문 덕분에 탄생했다.

이처럼 가르치기는 매우 효과적인 학습 방법이다. 그래서 나는 종종 온라인 강의 전체를 내가 더 배우고 싶은 주제로 설계한 적도 있을 정도다. 그렇게 하면서 다른 전문가들과 협업할 기회도 생기고, 그들의 지식을 마음껏 다운로드 받을 수도 있었다. 또, 내가 원하는 만큼 리서치도 할 수 있었다. 가장 좋은 점은, 그런 과정 속에서 학생들과 독자들을 도울 수 있었다는 점이다. 사실, 기억법과 속독을 제외하면 가르치기가 나의 학습 능력에 가장 큰 영향을 미쳤다고 해도 과언이 아니다. 가르치기를 통해 나는 비트코인과 아크로요가AcroYoga, 내분비계, 마케팅 등의 다양한 주제를 배

가르치기의 놀라운 학습 효과

웠다. 당신이 나를 만난다면 아마 틀림없이 뭔가를 가르치는 중일 것이다.

'가르치기 학습법'은 내가 태어나기도 훨씬 전부터 수많은 위대한 학습자들에 의해 활용되어왔다. 그중 가장 유명한 이가 노벨상을 수상한 이론물리학자 리처드 파인만Richard Feynman일 것이다. 그는 그를 만나본 누구라도 이를 알아차릴 수 있을 정도로 평생 가르치기에 대한 열정을 지니고 살았다. 파인만은 커리어 내내 코넬대학교와 캘리포니아공과대학의 교수로 일했다. 또한, 캘리포니아 주 교육위원회와 전미 과학교사 연합에서 대안 교습법을 주장하기도 했다.

오늘날까지 파인만은 그의 '4단계 학습 모델four-step model of learning'로 유명하다. 그 내용은 다음과 같다.

1. 이해하고자 하는 주제를 선택 후 공부를 시작한다. 이 주제에 대해 당신이 아는 모든 것들을 연습장에 적는다. 이해의 단순화를 위해 가능한 부분에서는 그림 및 삽화를 그려보라. 이런 식으로 연습장의 페이지에 이 주제에 대해 새로 배우는 모든 것들을 추가해나간다.
2. 이 주제에 대해 교실에서 가르친다고 상상하며 표현해보

라. 주제에 대해 단순한 용어로 설명하도록 주의하라.

3. 중간에 막히면 책을 다시 읽어라. 지식의 빈 공간이 드러나는 것은 당연한 수순이니까. 문제가 되는 영역을 되짚어서 이에 대해 완벽히 설명할 수 있도록 해야 한다.

4. 설명을 단순화하고, 비유를 사용하라. 위의 단계를 반복하면서 사용하는 언어를 간결화하고, 사실을 비유로 뒷받침하는 것이다. 스스로의 이해를 강화하기 위해 필요에 따라 몇 번이고 이 과정을 반복하라.

이 '4단계 학습법'을 사용해서 파인만은 역사상 가장 저명하고 존경받는 과학자가 될 수 있었다. 인간사에서 가장 복잡한 분야 중 하나인 천체물리학의 내로라하는 사상가로서 그는 노벨상까지 수상했다. 하지만 그게 다가 아니었다. 그는 가장 인기 있는 물리학 강의 책인 『파인만의 물리학 강의The Feynman Lectures on Physics』의 저자이기도 했다. 이 책과 가르치기에 대한 열정 덕에 그는 "위대한 설명가"라는 애칭도 얻었다. 게다가 파인만은 누구나 인정하는 박식가로서 자신의 4단계 학습법을 광범위한 주제들에 적용했다. 물리학뿐 아니라 자물쇠 따기lock picking, 외국어, 봉고 드럼bongo drum, 살사댄스에 이르기까지.

가르치기의 놀라운 학습 효과

이제 독자 여러분과의 헤어짐이 가까워져오는 이 시점에 한 가지 소박한 요청이 있다. 이 책에서 당신이 배운 내용을 주변인들에게 가르쳐보는 건 어떨까?

이 책을 통해 배운 모든 것, 즉 기억법에서 뇌과학에 이르기까지의 학습 내용을 강화하는 데 가장 좋은 방법은 밖에 나가 타인에게 직접 가르쳐보는 것일 테니까.

당신의 자녀나 친구들, 배우자, 혹은 시각화 기억법 및 기억의 궁전 등을 빠르고 쉽게 익히고자 하는 누구에게라도 이를 가르쳐보라. 학습법에 일대 변화를 가져다줄 내용을 주변인들에게 소개하는 건 그들에게 매우 큰 도움이 되지 않겠는가. 나아가 이 장에서 설명한 여러 이유 때문에 바로 당신의 학습에도 큰 보탬이 될 것이다. 물론 당신이 완벽한 선생님은 아닐지 모른다. 또, 가르친다는 게 영 생소할 수도 있다. 하지만 여기까지 책을 읽었다면 그 내용을 가족 및 친구와 나눌 자격은 넘친다.

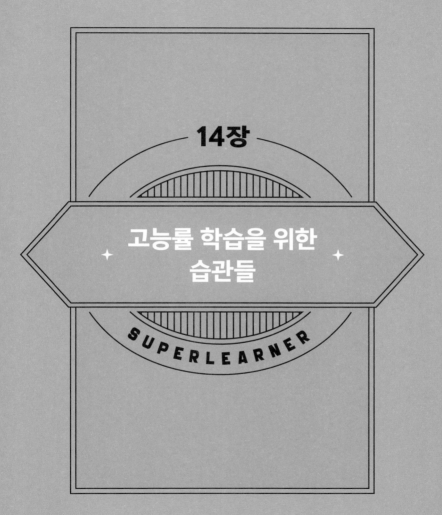

14장

고능률 학습을 위한 습관들

SUPERLEARNER

몇 해 전 나는 '핸드 밸런싱hand balancing(손으로만 균형을 잡는 곡예 동작)'에 그야말로 푹 빠졌었다. 우선 기본 기술인 '핸드스탠드handstand(물구나무서기)'부터 시작했다. 하지만 이 동작만으로는 턱없이 부족했다. 이윽고 나는 탐내던 '스트래들 물구나무서기straddle press'에 도전했다. 이 동작을 익히는 데 자그마치 8개월이나 걸렸다. 결국, 나는 '하이 스플릿high splits' 동작에서 핸드스탠드로 매끄럽게 전환하는 법을 익히는 데 성공했다. 무릎이나 팔꿈치를 전혀 구부리지 않고서 말이다. 상당히 어렵게 들리지 않는가? 실제로도 어려웠다. 하지만 이 성공도 탐탁지 않게 느껴지자 나는 거의 불가능의 영역에 도전하기로 했다. 바로 한 손으로 물구나무서기

고능률 학습을 위한 습관들

였다.

그런데 이즈음 들어 나는 내 체력과 균형감에 매일 큰 폭의 변동이 있음을 깨달았다. 어떤 날에는 완벽한 핸드스탠드를 할 정도로 체력과 기민함이 양호했다. 앞뒤로 무게중심을 자유자재로 이동할 수도 있었다. 하지만 또 어떤 날은 팔꿈치를 구부리는 반칙 없이는 땅에서 발을 떼지도 못했다. 이런 분명한 차이의 원인은 여러 가지였다. 예를 들면 수면과 식사의 질이 어땠는지, 마지막 연습이 얼마나 어려웠는지, 최근에 음주를 한 적이 있었는지 등등. 요는, 이전에 역도나 다른 운동을 할 때는 그런 차이를 한 번도 느낀 적이 없었다는 것이다. 하지만 이제는 내 능력의 한계에 다다른 '한 손으로 물구서기' 기술에 도전하다 보니 예전과는 정말 다름이 느껴졌다.

바로 그 때문에 이 책에서 배운 학습법으로 당신이 세상을 정복하러 가기 전에 충고의 말을 건네고 싶다. 우리의 뇌는 매우 복잡하고 정교한 악기와 같으며, 이런 학습법을 적용하면 마치 뇌가 업그레이드된 것이나 마찬가지다. 모든 잘 조율된 고성능 악기가 그렇듯이, 관리가 부족하면 연주가 형편없어지거나 아예 연주에 실패할지도 모른다.

내가 처음 슈퍼러너 학습법을 시작했을 때와 마찬가지로, 많은 내 학생들도 그런 점을 깨달았다. 이들은 처음엔 더 빨리 읽고 기억하는 스스로의 능력에 감탄했다. 그러나 곧 과한 피로 및 배고픔, 낮잠에 대한 끝없는 욕구 등을 불평했다. 뇌가 우리 체내 에너지의 20퍼센트를 소요함을 상기하기 바란다. 슈퍼러너 학습법으로 뇌를 과도하게 작동시키면 그만큼 에너지가 더 소모되는 게 느껴지지 않겠는가.

이런 상황에 맞서기 위한 몇몇 고능률 학습을 위한 습관을 권하고자 한다.

우선 가장 중요한 것은 수면이다. 당신은 이미 수면의 중요성에 대해 잘 알고 있을 것이다. 그러나 어쩌면 수면에 우선순위를 부여하지는 않았을지 모른다. 내가 225명 이상의 세계적 슈퍼휴먼들과 인터뷰를 한 결과, '수면'은 반복적으로 등장하는 몇 안 되는 주제의 하나였다. 내가 개인적으로 속해 있는 '마스터마인드 공동체mastermind community'에서는 달마다 다른 주제를 선보이는데, 최근에는 닉 리틀헤일스Nick Littlehales라는 스포츠 수면 코치가 연설을 했다. 그는 일반인들의 수면 일정이 얼마나 망가져 있는지를 지적했다.

우리가 잠이 들면, 뇌는 열심히 일한다. 과학자들은 이런 수면 시의 뇌 작동에 대해 겨우 어렴풋이 이해하기 시작했을 뿐이다.

고능률 학습을 위한 습관들

가장 중요한 뇌 작동 중에는 '단기기억을 장기기억으로 옮기기'와 '뉴런 및 시냅스의 정기적 관리' 등이 있다. 그러니 만약 충분히 수면을 취하지 않으면 당신의 뇌는 강한 기억을 형성하고 관리하는 데에 어려움을 겪게 될 것이다. 정말 간단하지 않은가. 다음 시험 및 프레젠테이션을 위해 밤샘작업을 할 때 이런 점을 고려해보기 바란다.

더욱이, 연구들에 따르면 우리의 뇌는 수면 시에만 청소가 된다. 우리의 뇌를 집중적으로 사용하면 대사폐물metabolic waste이 쌓이기 마련이다. 몸의 근육과 마찬가지다. 뇌에 이런 대사폐물이 쌓이면 흐리멍덩하고 압박이 느껴지며 짜증도 난다. 우리 모두 이런 기분을 잘 알 것이다. 하지만 우리의 뇌는 몸의 근육과는 달리 깨어 있는 동안은 이런 대사폐물을 제거하지 못한다.

이 때문에 슈퍼러닝 학습법에서는 낮잠을 강력한 무기로 권하고 있다. 나는 인시아드에서 열심히 공부할 때 매일 낮잠을 자는 습관을 들였다. 오늘날까지도 낮이면 꾸벅 조는 내 모습을 볼 수 있을 것이다. 특히 속독 및 특정 주제에 대한 공부량이 많을 때는 더욱더. 나는 러시아어 공부 같은 도전적 과제 후에는 꼭 자유시간을 가졌다. 이때 20~24분 정도의 낮잠을 자면 대사폐물도 제거되고, 진한 커피를 마신 것보다 더 기민해졌기 때문이다. 낮잠의 이점은 더 있었다. 몇 년 전에 나는 전직 미 해군특수부대NavySEAL 트레이너이자, 현직 수면 전문가인 커크 파슬리Kirk Parsely 박사와 팟캐스트 인터뷰를 가졌다. 집중적인 학습 가운데 적절한 시간의 낮잠을 자면 학습 곡선을 압축시킬 수 있다는 내용의 논의였다. 파슬리에 따르면, 낮잠이 바로 새로운 지식을 빠르게 습득하는 그의 비밀 전략이었다. 이 때문에 나는 팟캐스트에서 수면에 대해 상세히 다룬 바 있다.

물론 '적절한 휴식'이 오로지 수면만을 의미하지는 않는다. 학습 스케줄에 자유시간을 끼워 넣는 것은 집중력과 학습을 증진시키는 좋은 방법이다. 이에 관한 한 방식이 바로 '뽀모도로 기술Pomodoro Technique'이다. 작은 토마토 모양의 조리용 타이머에서 그 이름을 딴 것으로, 25분간 공부를 하면 25분간 휴식을 취하는 것이다. 이런 사이클을 네 번 반복하면, 이제는 더 긴 휴식시간을 갖는다. 터무니없다고 느끼겠지만, 사실 효과는 있다. 이렇게 주기적인 휴식을 취하는 동안 우리는 쉬고, 물 한잔을 마시며, 일어서는 동작을 통해 혈액을 순환시킨다. 그러면 집중력이 회복되고, 번아웃burn-out(에너지의 소진) 현상도 방지할 수 있다. 주기적인 휴식의 또 다른 이점으로 심리학자들이 '자이가르닉 효과Zeigarnik effect'라고 부르는 현상을 들 수 있다. 즉, 우리의 뇌는 미완성이거

고능률 학습을 위한 습관들

나 불완전한 것을 더 잘 기억한다는 것이다. 이 효과에 대해 처음 설명한 이가 바로 심리학자인 블루마 자이가르닉Bluma Zeigarnik이었다. 어느 날, 자이가르닉 교수는 식당의 웨이터가 지불이 되지 않은 주문 건을 더 잘 기억하는 것을 알아차렸다. 그런데 지불이 되어 주문이 종료되는 순간, 그 주문 건에 대한 정보는 잊어버리더라는 것이다. 이를 들은 자이가르닉과 그녀의 동료들은 이런 현상에 실질적인 효용이 있음을 깨달았다. 즉, 학습 대상을 일시적으로나마 미완으로 남기면 그에 대한 기억을 강화시킬 수 있다는 것이다. 실제로 연구들에 따르면, 공부를 잠시 멈추고 다른 관련 없는 일을 한 학생들이 그러지 않은 학생보다 기억을 더 잘했다고 한다.[17]

다시 말해, 공부 중간중간에 휴식을 취할 필요가 있다. 기억에 도움이 되기 때문이다.

고능률 학습자들이 반복적으로 언급하는 또 하나는 바로 영양이다. 이건 놀라운 일은 아닐 것이다. 학생들은 내가 인지능력을 강화시키는 어떤 약을 복용하는지 묻곤 한다. 하지만 우선 뇌 영양을 위해 어떤 음식을 섭취하는지는 묻지 않았다. 학습에 도움이 되는 영양에 대한 연구는 그 결과가 꽤 명확하다. 즉, 탄수화물이 낮은 식단 위주로 하고, 설탕을 피하라는 것이다. 여기에 질 좋은 천연지방natural fat을 더하면 뇌 기능은 순조로워진다. 게다가 이런 건강한 식단은 허리둘레도 줄여줄 것이다. 특히 생선이나 치아시드chia seeds에 풍부한 오메가3 지방산은 뇌기능에 특히 좋다.

그런데 지방은 원래 몸에 나쁜 게 아닐까?

그 답은 '아니다'이다.

바로 작년의 연구에서 나온 영양 권장 사항을 번복하는 일이 지난 10년간 계속되곤 하지 않았는가. 우리의 뇌와 신체는 꾸준한 에너지원을 필요로 한다. 하지만 체내 혈당이 마치 롤러코스터처럼 오르락내리락하면 그런 꾸준함은 기대하기 힘들다. 가공 탄수화물(특히 설탕) 섭취를 최소화하면 혈당의 안정화에 도움이 된다. 게다가 영양 스펙트럼의 극단으로 가면 높은 지방과 낮은 탄수화물의 식단이 신체를 케토시스ketosi(체내에 케톤체가 과잉 축적되는 것) 상태에 이르게 한다. 즉, 신체가 지방을 에너지원으로 사용하게 된다는 뜻이다.

괜찮게 들리지 않는가? 직접 실행해보면 그 효용성을 체감할 것이다. 케톤체ketones(간에서 지방산의 산화로 생성되는 물질)에 의존해 신체 기능을 하면, 능률이 무척 향상된다. 이런 이유로 케토시스 상태로 들어가기 위해 일부러 금식을 하는 이들도 있을 정도다. 일부는 약 18시간을 금식하지만, 120시간이나 금식하는 이들도 있다. 물론 일주일이나 금식을 하기 전에 의사와 상담을 해야겠지만 말이다. 여하튼, 적어도 곡물로 만들어진 시리얼을 아침밥으로 먹는 대신 계란 몇 개와 아보카도를 섭취하는 것부터 시작하면 좋을 것이다.

뇌기능 향상을 위한 세 번째 요소는 '운동'이다. 이것 또한 놀랍지 않다. 나는 시험 전에 거의 공황상태에 빠지는 학생들을 많이 봐왔다. 시간이 없어 식사도 거를 정도니 운동을 하는 건 사치에 가까울지 모른다. 하지만 운동을 거르는 건 실수다. 운동은 신체 건강 유지보다 훨씬 더 많은 효과가 있기 때문이다. 우선, 우리의 신체는 뇌를 보호하는 용기 역할을 한다. 게다가 운동은 우리 뇌의 신경화학neurochemistry적인 면에도 극적인 영향을 끼친다. 가벼운 운동만으로도 기분이 나아지고, 스트레스가 낮아지며, 기민해진다.

또 기억력도 향상된다. 사실, 일부 연구에서는 몸을 움직일 때 학습이 더 쉬워진다고 밝히기도 했을 정도다. 그러니, 만약 자전거를 타며 오디오북을 듣고 싶다면, 무척 권장할 일이다. 혹은 입식 책상을 사용해보는 것도 나쁘지 않다.

일단 고능률을 위한 위 세 가지 습관을 체크하면, 나머지 습관들은 디테일의 영역일 뿐이다. 그리고 그런 습관들은 사실 이 책의 범주에서 벗어나며, 나의 팟캐스트에서 매주 다루고 있다. 예컨대 명상이나 충분한 산소 들이마시기, 낮 동안 밝은 자연광을 받기 등의 습관이다. 인식 강화를 위한 약, 예를 들어 녹차나 모다피닐 modafinil(기면증치료제) 등도 도움이 될지 모른다. 물론 후자는 의사의 처방이 있어야 한다. 하지만 이런 모든 수단들은 앞서 살펴본 뇌를 위한 수면, 운동, 그리고 영양의 토대가 없다면 도움이 되지 않는다.

이 세 가지는 무척 간단하지만, 정말로 중요하다.

어쩌면 당신은 나머지 10퍼센트의 효과를 더 보기 위해 이것저것 시도해보고 싶을지 모른다. 예를 들면 내가 요즘 인식 강화를 위해 마시는 '머쉬룸 커피mushroom coffee(약용버섯 추출물을 넣은 커피)'나, 또 내가 좋아해 마지않는 '찬물로 샤워하기' 등에 관심이 갈 수도 있다. 혹은 '뉴로피드백 훈련neurofeedback training(뇌파 활성화를 유도하는 훈련)'을 원할 수도 있다. 이 모든 것을 적극 권장한다. 하지만 다시 강조하건데, 수면, 운동, 영양을 갖추는 노력 후에 시도하기 바란다.

이런 식으로 생각해보라. 이 책을 여기까지 읽었다면 이미 당신은 뇌 기능을 업그레이드 시키는 데, 당신이 삶을 사는 방식을 바꿀 만한 업그레이드에 많은 시간과 에너지를 투자한 셈이다.

그러니 당신의 투자가 헛되지 않게 뇌를 잘 관리하기 바란다.

뇌는 대체불가능하고 필수불가결한 인간의 몇 안 되는 기관 중 하나이니까.

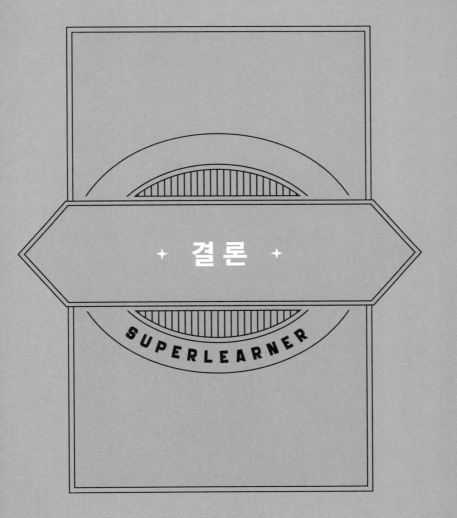

결론

SUPERLEARNER

"배움을 멈추는 순간, 삶도 멈춘다."

_알베르트 아인슈타인

'슈퍼러너 되기'의 온라인강의를 처음 설계했을 때, 나는 그 결과물이 이렇게 커질 것이라고는 상상하지 못했다. 지난 5년간 나는 세 개의 온라인 코스를 개설했고, 책도 세 권 집필했다. 이를 통해 수천, 수만 명의 삶에 영향을 주었다. 이들이 대학원 학위를 마치고, 꿈꾸던 직업을 창조하며, 회사를 설립하는 데 도움이 된 것이다. 심지어 보람찬 취미생활을 쌓는 것도 도왔다.

그 과정에서 나는 이 책에 소개한 효과적인 기법들에 대한 리서치 및 강의에 열을 올렸다. 그러면서 실은 학생들 못지않게 많이 배울 수 있었다. '정보 과부하'의 피해자 중 한 명에서 예상치 못하게 이를 극복하는 움직임의 주체가 된 것이다. 그런 중요 임무를

결론

맡은 후로 내 삶은 상상치 못했던 의미와 목적으로 채워지고 있다.

슈퍼러너 학습법은 우리가 위대한 뇌의 숨은 잠재능력을 열어낼 수 있다는 증거이다. 뛰어난 학습자로서의 천성을 되찾고, 원하는 모든 것을 배울 수 있다는 증거인 것이다.

이 책을 통해 잘 알려지지 않았던 학습 기법을 발견하게 되었을 것이다. 이제, 당신은 우리의 뇌가 어떻게 작동하는지뿐 아니라 학습을 위해 어떻게 뇌를 점화시킬지도 안다. 또, 우리의 뇌가 흥미를 유지하게 할 전략, 그리고 진화에 맞는 방식으로 뇌를 사용할 방법도 안다. 세계의 기억력 챔피언들이 사용하는 고대의 기억법으로 시각적 기억이라는 엄청난 힘을 활용할 수도 있다. 더욱이, 이렇게 얻은 기억을 장기기억으로 유지시키는 틀도 지녔다. 무엇을 배우든 시간을 절약시켜줄 틀 말이다.

하지만 학습이란 단순히 기억과 복습만의 문제는 아니다. 다행히, 당신은 어떤 과목이라도 세분화한 후 완벽한 학습 공략법을 짜는 기술을 배웠다. 또, 원하는 학습 내용을 미리 읽기 하고 분석할 줄도 안다. 연습을 하면 높은 독해력을 유지하면서 읽기 속도를 두세 배 증가시킬 수도 있다.

이제부터 당신의 흥미를 돋우는 과목을 발견하면 이런 일련의 학습법들을 적용해보라. 겉보기에는 단순해 보이는 이 기술들의 효과에 놀라게 될 것이다. 또, 무작위 대입 학습법과 교차수분 학습법을 활용하면 더 많은 학습이 가능할 뿐만 아니라 즐거움과 열성으로 학습에 임할 수 있다. 나아가 다른 이들을 직접 가르치는 것은 스스로의 지식을 테스트하는 좋은 방법이다. 가르치기의 방법을 통해 아무리 복잡한 과목이라도 빨리 습득하는 자신을 발견하게 될 것이다. 물론 이보다 더 고급의 학습법들로 당신의 학습 틀을 확장시켜나갈 수도 있다. 하지만 20퍼센트의 노력이 80퍼센트의 효과를 불러옴을 생각할 때, 지금 당신은 20퍼센트보다도 훨씬 많은 걸 알고 있는 셈이다.

한마디로, 이 책으로 당신은 진정한 '슈퍼러너'로서의 자신의 본모습을 깨닫게 될 것이다

나는 이 책에 실린 강의가 내가 타인에게 전달할 수 있는 가장 중요한 기술임을 믿어 의심치 않는다. 동시에 내가 타인에게서 받았던 가장 중요한 선물이기도 했다. 이제 당신이 이 슈퍼러너 학습법을 즐겁게 활용하고 타인과 공유하며 발전시켜나가길 바란다.

감사의 말

우선, 나의 아름다운 아내 리모르에 감사한다. 내게 지원을 아끼지 않고 힘을 실어주었다. 또, 내가 다른 일들을 신경 썼어야 할 시간에 책을 집필하도록 허락해주었다. 아내는 내 삶의 즐거움과도 같다. 내가 생각나는 대로 크게 말해버려도 귀기울여주고, 필요할 때마다 나를 웃겨준다. 나조차도 지나쳐버릴 내 성취를 일일이 축하해주기도 했다.

또, 내 사랑하는 부모님, 린 앤과 메이르에게도 큰 공을 돌린다. 우리 부모님 밑에서 태어나지 않았다면, 내 문제점을 딛고 이런 좋은 성과를 내지 못했을 것이다. 가슴이 시키는 대로 나아가라고 가르쳐주시고, 좋은 가치를 마음속에 심어주신 데 감사드린다. 또, 내 잠재력에 대해 의심하지 말라고 충고해주신 것도. 오늘날의 내가 있는 건 전적으로 부모님 덕이다.

엄청난 성원을 보내주신 내 대모, 대부님이자 멘토이신 린다와 데이빗에도 고마움을 전한다. 가장 활발한 내 팬들이시고, 맡은 역할 이상으로 늘 내게 베풀어주셨다. 기쁠 때나 힘들 때나 나를 항상 응원해주신다.

우리 회사의 동료 팀에게도 감사한다. 앨리슨, 아미, 브랜든, 디미트리스, 에릭, 레슬리, 말로우, 모니크, 그리고 로미나에게. 이들이 없었다면 이 책을 쓰지 못했을 것이다. 나 자신과 내 미션에 믿음을 가져줘서 고맙다. 이들이 열심히 일해줘서 오늘날의 우리 회사가 건재하다.

또, 디자인과 창작 에이전시인 고크레용스GoCrayons 팀에게도 감사하다고 외치고 싶다. 일라이자와 론 론, 론 웰, 그리도 모든 스텝들에게. 나의 생각을 근사한 현실로 만들어주어서 감사하다.

지난 7년간 이 책에 실린 많은 내용들을 내게 가르쳐주신 멘토들이 계셨다. 우선 레브와 안나 골든터치 박사님에게 감사한다. 또 앤서니 메티비에 박사님에게도 마찬가지다. 메티비에 박사님은 내게 학습법에 대해 가르치는 삶이 얼마나 멋진 일인지를 일깨워주셨다. 멘토로서의 그분의 관대함과 우정이 없었더라면, 여기까지 오기 힘들었을 것이다.

멘토 얘기가 나온 김에 밝힐 게 있다. 이 책의 앞부분에서 몇몇 선생님들에 대해 안 좋은 평가를 내린 것 같다. 하지만 실은, 어린

감사의 말

시절 나의 힘든 상황에도 불구하고 내 안의 잠재력을 봐주신 열성적이고 헌신적인 선생님들도 여럿 계셨다. 우선 스카롤라 선생님과 카본 선생님, 마운트 선생님, 샤론 로드리게즈 선생님과 토드 드와이어 선생님께 감사한다. 내 호기심과 지성을 키워주시고, 글쓰기의 힘을 일깨워주셨다.

그리고 조 폴리시와 지니어스 네트워크Genius Network 팀 전체에게 감사한다. 내게 최고의 기업가가 되라는 도전정신을 심어주었다. 내 주위에서 더 많은 성취를 위한 영감을 주었다.

마지막으로, 너무나 멋진 스크라이브Scribe 팀, 그중에서도 특히 터커와 할, 나탈리에게 고마움을 전한다. 이 책은 내가 여태껏 집필한 책 중 가장 높은 수준을 자랑한다. 스크라이브 팀의 노고와 집필에 대한 이들의 훌륭한 지침 덕분이다.

1. 월터 아이작슨Walter Isaacson, 『벤저민 프랭클린: 미국인의 삶Benjamin Fraklin:An American Life』, (뉴욕: 사이먼&슈스터, 2003), 104, 킨들

2. 월터 J. 옹Walter J. Ong, 『구술문화와 문자문화Orality and Literacy』, (아빙던, UK: 루틀리지, 2002), 78

3. 벤저민 프랭클린, 『벤저민 프랭클린 자서전The Autobiography of Benjamin Franklin』, (뉴욕: PF 콜리에&손 컴퍼니, 1909), 66, 킨들

4. 존 클레멘트John Clement, 〈기계학 입문에 대한 학생들의 선입견Students' Preconception in Introductory Mechanics〉, 《미국 물리학 저널American Journal of Physics》 50, no.1(1982): 66, https://doi.org/10.1119/1.12989

5. 다니엘 드루바크Daniel Drubach, 『뇌에 대한 설명The Brain Explained』, (뉴저지: 프렌티스-홀, 2000), 161

6. 제레미 수Jeremy Hsu, 〈인간 뇌가 작동하기 위해 얼마의 전력이 필요한가How Much Power Does The Human Brain Require To Operate?〉, 《파퓰러 사이언스Popular Science》, 11월 7일 2009, https://www.popsci.com/technology/article/2009-11/neuron-computer-chips-could-overcome-power-limitations-digital

7. 아키코 와가수마 외Akiko Wagatsuma et al, "청반에서 해마 CA3영역으로의 정보입력은 새로운 맥락에서 한 번의 시도를 통한 학습을 증진시킨다Locus Coeruleus Input to Hipocampal CA3 Drives Single-Trial Learning of a Novel Context", 《미국 국립과학아카데미 의사록Proceedings of the National Academy of Sciences of the United States of America》, 1월 9일 2018, 115(2) E310-E316: htts://doi.org/10.1073/pnas.171482115

8. 물론 최고의 기억력 레벨에서 기억력 선수들은 그들의 기억의 궁전에 더 많은 정보를 압축시켜 넣는 복잡한 방식을 개발한다. 예를 들어 6~7개의 카드 및 숫자를 하나의 복합적인 시각화로 전환하는 것이다. 하지만 그 근본적인 방법은 모두 같다.

9. H. Y. 맥클러스키H. Y. McClusky, 〈미리 훑어 읽기의 효과에 대한 실험An Experiment on the Influence of Preliminary Skimming on Reading〉, 《교육심리학 저널Journal of Educational Psychology》 25, no.7, (Oct 1934): 521–529, http://dx/doi.org/10.1037/h0070829

10. 제시카 마리나치오Jessica Marinaccio, 〈독해를 위한 가장 효과적인 미리 읽기 전략The Most Effective Pre-reading Strategies for Comprehension〉, 세인트 존 피셔 칼리지(St. John Fisher College, 2012) 석사논문; 미누 알레미와 사만 에바디Minoo Alemi and Saman Ebadi, 〈ESP 독해에서 미리 읽기의 효과The Effects of Pre-reading Activities on ESP reading comprehension〉, 《언어 교육과 리서치 저널Journal of Language Teaching and Research》 1, no.5(2010년 9월); 아크바 아지지파라 외Akar Azizifara et al,, 〈이라미 고등학교 학생들의 독해 실적에서 미리 읽기가 미치는 영향The Effects of Pre-reading Activities on the Reading Comprehension Performance of Ilami High School Students〉, 《프로시디아–사회 및 행동 과학Procedia– Social and Behavioral Sciences》 192(2015년 6월 24일)

11. 키이스 레이너Keith Rayner 외, 〈너무 많은 독서량에 너무 적은 시간: 어떻게 읽을 것인가, 그리고 속독이 도움이 될까?So Much to Read, So Little Time: How Do We Read, and Can Speed Reading Help?〉, 《대중 관심에 대한 심리학Psychological Science in the Public Interest》 17, no.1(2016년 1월 15일): 4–34, https://doi.org/10/1177/1529100615623267

12. 데니스 F. 피셔와 웨인 L. 쉬빌스케Dennis F. Fishere and Wayne L. Shebilske, 『읽기에서의 눈의 움직임(Eye Movements in Reading)』, (캠브리지, MA: 아카데믹 프레스, 1983), 153–179; 키이스 레이너 외, 〈뒤죽박죽인 글자 읽기: 대가는 있다Raeding Wrods With Jumbled Letters: There is a Cost〉, 《심리학Psychological Science》 17, no.3(2006년 3월 1일): 192–193

13. 키이스 레이너 외, 『너무 많은 독서량에 너무 적은 시간』, 4–34

14. 마리오 바즈케즈-가르시아Mario Vázquez-Garcia, "공동 그룹 테스트가 의대 2학년생들의 인간 생리학 주제들에 대한 학습과 지식 보유를 향상시킴Collaborative-Group Testing Improves Learning and Knowledge Retention of Human Physiology Topics in Second-Year Medical Students," 《고급 생리학 교육Advances in Physiology Education》 42, no.2(2018년 6월 1일), 232–239

15. 제프리 D. 카피키아와 자넬 R. 블런트Jeffrey D. Karpickea and Janell R. Blunt, "정보 인출 연

습이 개념 지도를 통한 장기간의 공부보다 더 많은 학습을 가능케 한다Retrieval Practice Produces More Learning than Elaborative Studying with Concept Mappting",《사이언스Science》 331, no.6018(2011년 2월 11일)

16. 제프리 D. 카피키아와 헨리 L. 로디거 III Henry L. Roediger III, 〈학습에서 정보 인출의 중요성The Critical Importance of Retrieval for Learning〉, 《사이언스Science》 319. no.5865(2008년 2월)

17. 블루마 자이가르닉, 〈완결된 과제와 미완결된 과제에 대하여Das Behalten Erledigter und Unerledigter Handlungen〉, 《전자기사Psychologische Forschung》 9, no.1(1927년 12월); 프레드 맥키니Fred McKinney, 〈방해받은 학습 활동의 보유에 대한 연구Studies in the Retention of Interrupted Learning Activities)〉, 《비교심리학 저널Journal of Comparative Psychology》 19, no.2(1935년 4월): 265-296

슈퍼러너 공부법

1판 1쇄 찍음   2021년 7월 20일
1판 1쇄 펴냄   2021년 7월 27일

지은이   조나단 레비
펴낸이   조윤규
편집   민기범
디자인   홍민지

펴낸곳   (주)프롬북스
등록   제313-2007-000021호
주소   (07788) 서울특별시 강서구 마곡중앙로 161-17 보타닉파크타워1 612호
전화   영업부 02-3661-7283 / 기획편집부 02-3661-7284 | 팩스 02-3661-7285
이메일   frombooks7@naver.com

ISBN   979-11-88167-49-4 (03190)